MEU PASSADO ME CONDENA

TATI BERNARDI

MEU PASSADO ME CONDENA

paralela

Copyright do texto © 2015 by Tati Bernardi

A Editora Paralela é uma divisão da Editora Schwarcz S.A.

Grafia atualizada segundo o Acordo Ortográfico da Língua Portuguesa de 1990, que entrou em vigor no Brasil em 2009.

CAPA Claudia Espínola de Carvalho

FOTO DE CAPA Silvana Marques

PREPARAÇÃO Mariana Delfini

REVISÃO Valquíria Della Pozza e Marina Nogueira

Os personagens e as situações desta obra são reais apenas no universo da ficção; não se referem a pessoas e fatos concretos, e não emitem opinião sobre eles

Dados Internacionais de Catalogação na Publicação (CIP)
(Câmara Brasileira do Livro, SP, Brasil)

Bernardi, Tati
    Meu passado me condena / Tati Bernardi. — 1ª ed. — São Paulo : Paralela, 2015.

    ISBN 978-85-8439-001-4

    1. Ficção brasileira I. Título.

15-03498   CDD-869.93

Índice para catálogo sistemático:
1. Ficção : Literatura brasileira 869.93

[2015]
Todos os direitos desta edição reservados à
EDITORA SCHWARCZ S.A.
Rua Bandeira Paulista, 702, cj. 32
04532-002 — São Paulo — SP
Telefone: (11) 3707-3500
Fax: (11) 3707-3501
www.editoraparalela.com.br
atendimentoaoleitor@editoraparalela.com.br

Sumário

APRESENTAÇÃO: O texto atrás do texto 7
INTRODUÇÃO: Sobre essa coisa toda do amor 9

1. O PRIMEIRO GRANDE ERRO:
   UM CASAMENTO BASEADO NA VERDADE 11
   O intelectual esmaga bolas 13
   A mulher cc: casada e culpada 16
   O psiquiatra acupunturista DJ 19
   Amor sem vírgulas 21
   Era ator e, para piorar, carioca 24
   A genialidade da sonsa.................... 27
   Rick, o rico 29

2. O SEGUNDO GRANDE ERRO:
   CONTAR ATÉ OS SEGREDOS MAIS SÓRDIDOS 31
   Os desaflorados 33
   Sou feia mas faço amor 35
   Tipo muito gostosa 38
   El grande trepador....................... 41
   Uma ode 43
   Sim, teve suruba também 46

Língua do P 49
The unforgettable brochada. 51
O empreiteiro sensual 53
Tive, sim, outro grande amor antes de ti 56

3. INTERLÚDIO:
   PITADAS DE BONS COSTUMES E BOM SENSO 59
   Os proibidões no começo do namoro 61
   10 dicas do que um homem jamais deve fazer
   quando o assunto é sexo 68

4. A FAMIGERADA NOITE DE NÚPCIAS:
   OS MELHORES MOMENTOS DE FÁBIO E MIÁ NO TEATRO. . 71

5. RAPIDINHAS: PORQUE COM O TEMPO VOCÊ DESTILA
   ÓDIO ATÉ NOS DIÁLOGOS MAIS CURTOS 93

6. CRISELEAKS:
   ALFINETADAS NAS REDES SOCIAIS 107

Agradecimentos 115

APRESENTAÇÃO
O texto atrás do texto

Um dos melhores elogios para um roteirista é quando alguém diz para o elenco: mas vocês improvisam muito, né? As falas saem tão naturais e estão tão encaixadas naqueles personagens que tudo parece que foi criado ali na hora. É aí que está o mérito de um bom "dialoguista": ele engana todo mundo e faz o público esquecer que, por trás daquele texto, tem um texto.

As frases escritas por Tati Bernardi são sempre bem humoradas, inteligentes, bem colocadas e, principalmente, naturais. Rimos porque nos identificamos, rimos porque sabemos que aquilo é verdade. Eu fiz como ator duas temporadas do seriado "Meu passado me condena", que depois virou dois filmes e a peça, e posso dizer com segurança que o bom texto de todos eles foi meio caminho andado para o sucesso desse "case". Leia, pense em mim e na Miá falando e divirta-se.

Fábio Porchat

INTRODUÇÃO
Sobre essa coisa toda do amor

Sucesso no cinema (mais de 3,5 milhões de pessoinhas angustiadas foram assistir) e no teatro (mais de 100 mil), meu passado me condena é a história de Fábio e Miá, um casal apaixonado, curtindo a fase em que "o outro parece perfeito", até que...

Até que eles resolvem juntar os trapinhos de marca e as escovas de dente de cerdas macias rápido demais e se deparam, já na lua de mel, com a dura realidade do "quem é esse desgraçado na minha cama?". Num impulso louco de apreço pela verdade e profunda inexperiência, nossos anti-heróis começam a narrar um para o outro, com riqueza de sórdidos detalhes, tudo o que viveram em sua vida pregressa.

Assim, eles quebram a máscara de casalzinho perfeito e trazem à tona suas inseguranças, loucuras, defeitos e muitas histórias das quais podem tranquilamente se envergonhar.

No presente, no passado e provavelmente no futuro, o relacionamento entre duas pessoas de sexos (e universos) opostos é, foi e será uma das coisas mais complicadas do mundo. E engraçadas também.

Começar uma relação é muito difícil. Continuar é mais ainda. Mas, como terminar um relacionamento é ainda pior do que tudo isso, este é um livro no espírito de "vamos rir disso e seguir em frente. Coragem!".

Ainda sobre o tema deste livro:

- ☑ Todos passam pelos mesmos problemas que você.
- ☑ Você não está sozinho na lama do relacionamento.
- ☑ É bom evitar falar/fazer/pensar algumas coisas: por isso este maravilhoso e modernoso livro traz umas dicas marotas.
- ☑ Por Deus, não é um livro de autoajuda!! Mas vai te ajudar mais do que cartomante safada, conselho de vó gagá e melhor amiga invejosa.
- ☑ E o mais importante: seu passado vai sempre te condenar, mas o amor te absolve!

Fábio e Miá são personagens inspirados na vida da autora que vos fala (quantos milhares de namoros intensos e confusos e eternos que acabaram!, e quantos tantos outros que continuam até hoje me assombrando!), na vida do próprio Fábio Porchat, na da deliciosa Miá Mello (que está cada dia mais gostosa, o que confunde profundamente as minhas preferências sexuais) e também na sua vidinha. Sim, eu sei que você, menino ou menina, tio maduro ou charmosa balzaquiana (*and counting*) também sofre baldes, tomou uns remedinhos e já molhou de lágrimas gordas o colo de um desconhecido.

A noite é longa, eles vão se soltando e... Bom, leiam o livro! (E assistam ao filme e à peça)!

1. O PRIMEIRO GRANDE ERRO: UM CASAMENTO BASEADO NA VERDADE

O intelectual esmaga bolas

No começo não foi fácil. Eu queria sair para dançar, por exemplo, e ele dizia, como se disso dependesse a sobrevivência das crianças subnutridas dos países de terceiro mundo: "Mas hoje tem uma montagem superintimista do *Tio Vânia* embaixo de um bar no centro da cidade. São só oito lugares, então temos que chegar uma hora antes porque lota".

Eu achava que era piada, eu e essa minha mania de tirar sarro de tudo.

Mas aos poucos fui gostando dessa vida. Ele tinha carro, e era até um carro bem de playboy, no entanto insistia com o discurso de "mobilidade urbana", então a gente saía (ainda que fosse sábado à noite, mesmo debaixo de um temporal, não importando que estivéssemos a dezoito quadras do metrô mais próximo e que não passasse nenhum ônibus a menos de doze quadras) para procurar o primeiro meio de transporte não individualista que despontasse no horizonte. Ele odiava o carro, mas acariciava, quando sozinho, os bancos de couro. Ele amava a bicicleta, mas ela só decorava a parede da sala. Na casa dos pais dele tinha mordomo. MOR-DO-MO. E ele achava o cúmulo eu chamar a Maria de empregada. A Maria dava risada, "Ué, sou empregada, o que esse doido quer que eu seja agora?".

Quando fizemos um mês de namoro, ganhei *Casa-grande & senzala* e *Introdução a Lacan*. Eu tinha dado várias indiretas de que preferia uma jaqueta da Osklen, mas fazer o quê se ele era bonitinho? Entubei os livros e agradeci, achando que com extrema simpatia poderia escapar de ler aquelas chatices. Não funcionou, ele queria "debater" dali a duas semanas as minhas impressões.

Na casa dele tinha uma varanda enorme. Ali dava pra tomar sol, encher de plantas, colocar uma namoradeira, sei lá, qualquer coisa feliz, sabe? Ele usava a varanda pra fumar maconha e olhar infinitamente para o horizonte enquanto ouvia Beethoven. Às vezes ele chorava, balançando a cabeça em desagrado com o mundo. Eu perguntava o que estava acontecendo e ele respondia: "A angústia é privada, não me desrespeite".

Certa feita, a Maria me veio com uma piada involuntária maravilhosa. Ela perguntou por que eu guardava nas gavetas tantos cardápios se todos eram do mesmo restaurante. Eu não entendi e ela mostrou o "nome" do restaurante: DELIVERY. Achei aquilo lindo, porque adoro a Maria, e fui contar pra ele. Que me colocou sentadinha, de castigo, e discursou por horas, com as pernas cruzadas naquele estilo que parece esmagar as próprias bolas, sobre "jamais fazer piada escrota desmerecendo as classes menos abastadas". Tá, ele tem um ponto, mas a família dele tinha mordomo. Não ornava muito com aquele mimimi cabeça, MOR-DO-MO!

Cheguei à casa dele uma sexta à noite, louca pra comer uma pizza, mas ele estava no chão, nu, chorando e lendo *O avesso e o direito*, do Albert Camus, sabe? Ah, não sabe, ótimo pra você. Porque eu também não sei, mas se ele chorava tanto, e estava pelado no chão, e era uma noite fria, coisa boa esse livro não é, confere? Abracei ele, fiquei ali até quatro da manhã, com o antebraço cheio de muco nasal, ouvindo ele repetir, como um mantra macabro, "A angústia é privada", até que me enchi e fui dormir. Acordei no dia seguinte e ele estava lendo *Esperando Godot* e disse, se achando hilário, o rei do trocadilho: "Tava lendo enquanto te esperava". E teve um acesso de riso.

Aos poucos fui entendendo que quem ri de coisas absolutamente sem graça, chora por coisas absolutamente idiotas e ama programas absolutamente chatos, essas pessoas te jogam num limbo absoluto e, como você não sabe classificar o que está acontecendo, pensa, "Nossa, essa pessoa deve ser muito incrível e melhor do que eu". Achei que era amor e era só amadorismo.

A mulher cc: casada e culpada

Nunca conversamos sobre nada burocrático, chato, comezinho. Como a gente não podia ser visto juntos em público, papos como "qual restaurante", "que filme" e "e o feriado, hein?" (que a longo prazo destroem qualquer relação) nunca estiveram em nosso cardápio de sonoridades. Em sete meses de amor profundo, o máximo que nossa troca verbal atingiu para além de gemidos foi negociar dias e horários para a esbórnia incandescente.

Nenhuma mulher é mais apaixonada e dadivosa que a casada. Ah, o prazer que ela tem em ser novidade para um homem. O corpo de uma mulher exige ser adorado diariamente como se fosse sempre a primeira vez. A rotina é uma das piores violências que se pode cometer contra uma mulher.

A mulher casada está cansada daquele sexo "bater cartão" do maridão e coloca no amante toda a sua adolescência, sua juventude, sua maturidade, todo o medo da sua velhice. Coloca o dia que nasceu e o último dia da sua vida. O que era para ser só uma trepadinha vira uma suruba louca com infinitas mulheres.

E ela se culpava, ah como tinha bons princípios católicos Aninha. E também Cláudia, Marta, Dani, Renatinha e Dona Neide. E a culpa vira uma angústia, uma ansiedade. E a única coisa que faz cessar tanta dor é mais sexo. Então quanto mais culpada, mais ajoelhada fica uma senhora comprometida. Mais açoitamentos do amor elas querem. Fazer merda é o grande vício desse século e de todos os outros. A culpa é pior que aquele salzinho no fundinho do pacote de salgadinho.

Eu gosto de saber que sim, ela está com outro homem quando não está comigo. Não vou para a cama pensando "Será que ela está com outro homem quando não está comigo?". Eu gosto de pensar que, na verdade, o OUTRO sou eu, eu sou quem eu tanto temo, então posso ficar tranquilo. Ou excitado.

Mas não pense que fiz mal para a humanidade, que estraguei famílias que Deus uniu. Eu salvei o lar dessa mulher! Nosso sexo à tarde fazia com que ela chegasse cheia de apetite para o sexo à noite com o empresário coxinha brocha que ela arrumou para pagar o monte de cursos idiotas que ela fazia porque realmente nunca soube o que fazer da vida. Eu sei, desculpa, você que me pediu que contasse tudo. Agora aguenta. E, me tendo (desculpa, eu quis dizer "me" e, depois, "tendo"), ela chega em casa cheia de paz (e muita culpa, sempre ela, que coisa genial inventaram pra nos humanizar!), trata todos com doçura e paparicos. Os filhos nunca estiveram tão corados e saltitantes. O remorso de uma mulher é um fermento riquíssimo para o crescimento saudável de proles.

O sexo proibido deveria ser o quarto presentinho, se fossem quatro reis magos. O orgasmo vem como ondas nervosas e erráticas de um mar descongelado pelo aquecimento global. Os beijos são céus da boca que tentam se encontrar em vão, as línguas, irmãs gêmeas do nado sincronizado. É o sexo do ódio, e por isso com o mais puro amor honesto. Foi a pior e a melhor fase da minha vida. Nem pense em fazer o mesmo ou eu te mato.

O psiquiatra acupunturista DJ

Devia ser proibido um médico ter quase dois metros de altura, olhos azul-claros e ombros tão largos que me fazia fantasiar que precisaria do Waze pra dar conta daquele homem todo.

Além de sua aparência de modelo finlandês, dr. Breno fazia um trabalho maravilhoso e muito sério. Ele misturava psicologia com análise cognitiva com constelação familiar com alguns ensinamentos do livro *O segredo*. E era também nutricionista e fazia leitura biométrica de íris. Ah, e teve uma época em que começou a atacar de DJ.

Ele acabou me convidando pra jantar depois da sessão em que me pediu pra "fazer de conta" que a almofada era meu ex-namorado. A intenção era que eu dissesse tudo o que estava me angustiando, mas acabei ajoelhando no chão do consultório e fazendo um sexo oral em uma das pontinhas da almofada. Eu tinha que ser sincera para o tratamento funcionar, não tinha?

Isso mexeu muito com o dr. Breno, e ele disse que teríamos de parar a sessão imediatamente porque ele estava morrendo de fome e precisava de uma companhia para comer. Achei tão humano da parte dele expor sua necessidade de alimento e também sua solidão, que acabei me apaixonando. Na casa dele fizemos um bauru que nunca comemos. Esqueci o ex.

    O namoro durou uns três dias, até ele me trocar por uma paciente que, ao ser desafiada a interagir com a almofada, não só chupou o bico como engoliu a espuma. Segundo ele narrou com muita honestidade e delicadeza, tinha encontrado uma mulher que se entregava com ainda mais veracidade ao tratamento. Fiquei péssima com o pé na bunda e viciei em Efexor xr 75 mg, Rivotril sublingual, Miozan e Stilnox, e adivinha onde fui parar? Dr. Breno, claro. Amar tinha se tornado um círculo vicioso.

    Eu estava sem grana na época e trocava receitas por outras coisas que não vêm ao caso mas eram todas feitas em comum acordo e com muito amor. Foi uma fase difícil mas muito rica intelectualmente pra mim. Dr. Breno e eu gostávamos muito de um jogo que inventamos. Ele tinha um livro de psiquiatria chamado *Bíblia das desordens mentais*, e para cada pontinho que eu fazia, eu tirava uma peça de roupa.

    Em "histeria", fiquei só com o elastiquinho do rabo de cavalo. Em "transtorno de personalidade limítrofe", de sapatos. "Depressão maníaca" me deixou apenas com o colar. Em "Esquizofrenia" deu pra manter a saia e o sutiã, mas a calcinha eu perdi e nunca mais encontrei. Era muito divertido e ao mesmo tempo educativo.

    Certa feita ele usou a acupuntura pra me libertar das amarras impostas pela sociedade e desenhou um arco-íris de agulhas na minha virilha. Você entende a genialidade desse cara? Ah, dr. Breno foi internado uns tempos atrás, tomou choque na cabeça e tudo. O mundo não estava preparado para ele.

Amor sem vírgulas

Ela queria ir mais para a frente. E mais para a frente. E mais. Daí ela queria subir nos meus ombros. E subir mais nos meus ombros. E eu explicando que não tinha como subir mais, eu não ficaria mais alto. Mas ela me pedia então para pular com ela nos ombros. Só que a gente já estava beeem na frente, então começaram a tacar latinha. E ela começou a querer ir mais para a frente e subir mais, de novo. E o único jeito era subir no palco. E foi o que ela fez. E os seguranças a derrubaram no chão, a tiraram dali, fomos expulsos. E eu achei que ela ia ficar péssima com isso, mas sabe o que ela falou? "Vamos pra algum lugar beber mais e dançar muito?" E já eram três da manhã. E eu já estava muito bêbado e já tinha dançado muito. Mas ela me arrastou para uma balada na Barra Funda, acho. E a gente dançou até dez da manhã. E, quando eu achei que ficaria em coma alcoólico por nove meses até parir a mim mesmo cem anos mais velho, ela disse pra gente ir pra casa dela pra "continuar". E eu quis saber continuar o quê. E ela disse: "A diversão". Porque ela queria transar. E era transar muito, ela disse. E eu ri e disse que não sabia se aguentava. E ela achou que eu me referia a não aguentar *esperar* e me arrastou pro banheiro da balada para transar ali. E daí o segurança expulsou a gente. E eu achei que ela nem ligaria, porque já estava quase na hora do almoço e o lugar estava fechando. Mas ela ficou arrasada e chorou copiosamente por infinitas horas ininterruptas. E ela queria morrer fazendo 112 minicortinhos no braço, ela calculou que isso talvez pudesse matá-la. E eu não entendi por que alguém ia querer morrer só porque o segurança da balada resolveu fechar o lugar. E ela disse que eu era um merda, um cara raso e que não amava ela do jeito que ela merecia. E tacou minhas sete únicas camisetas e duas únicas cuecas que ficavam na casa dela numa sacola furada de supermercado e exigiu que eu nunca mais entrasse em contato. Eu fiquei mal mas obedeci, porque ela ameaçou decepar meu pau caso eu não a acatasse. Mas, quando eu cheguei no meu apartamento, ela já estava me esperando sentadinha do lado de fora da porta, com uma florzinha nas mãos. E me chamou pra tomar um chá da tarde com bolinho. Tão menina! E disse, com a voz mais doce e tranquila do mundo, que poderíamos depois pegar um cineminha. E essa montanha-russa, somada ao fato de que a Vivi era muito gostosa e gostava muito de sexo, foi aniquilando gradativamente o meu senso crítico. E eu nem percebi quando a Vivi teve o maior ataque de riso no restaurante apenas porque uma senhorinha cadeirante engasgou. Depois ela caiu no choro porque acha um absurdo rir de idosos engasgados em cadeiras de roda. E disse que estava "se odiando" e precisava ficar sozinha. Daí eu a deixei sozinha, mais uma vez apenas obedecendo, porque eu tinha tesão demais naquela mulher para não fazer tudo o que ela mandava, e ela disse que era porque eu não deveria amá-la de verdade.

E veio com o papo dos 112 minicortinhos no antebraço. Eu perguntei o que ela queria de mim, e ela ficou pelada. E isso eram oito da noite, e a coisa toda só acabou às quatro da tarde do dia seguinte, quando eu tive um ataque de hipoglicemia, pressão baixa, síndrome do túnel do carpo e labirintite. E ela achou que eu estava com tudo isso porque não a amava. E quis terminar. Mas, quando eu cheguei em casa, adivinha quem estava na porta, segurando uma florzinha? Foi demais. Foi lindo. Pena ter durado apenas cinco dias.

Era ator e, para piorar, carioca

Quando ele me chamou para jantar, minha vontade era fotografar a tela com a mensagem e enviar pra todo mundo. Desde a melhor amiga falsa do primário que eu não encontrava fazia trinta anos, passando por todas as melhores amigas falsas do colégio, faculdade, trabalho, até chegar à melhor amiga falsa do momento, que estava sentada do meu lado dizendo, "Você tá de brincadeira que é ele mesmo?!".

Nos conhecemos no Leblon. Eu tinha ido ao Rio para uma festa, atrás de um carioca que conheci em São Paulo, mas ele me deu o cano. Daí conheci outro carioca, enquanto procurava o primeiro, e ele me chamou para uma segunda festa. Mas, ao chegar lá, ele já estava com outra. Então conheci um terceiro carioca, na fila para pagar a comanda, que me levou para uma terceira festa, mas eu me perdi dele. No final da noite, caminhando sozinha de volta para o hotel, passei em frente a uma quarta festa, essa sim no Leblon, e conheci o ator. Ele estava mijando e arrumando encrenca com um mendigo. Achei sexy e puxei papo.

Eu queria tatuar na virilha direita "Sabe o coadjuvante do protagonista da novela?", e na virilha esquerda "Tô pegando". Mas minha cartomante me aconselhou a guardar a novidade só para mim, para não dissipar a energia que eu precisaria para "segurar" aquele homem. "Segurar homem" é o tipo de expressão que só a revista *Nova*, as avós e as cartomantes usam. E naquela época, por causa daquele cara, comecei a usar também. Tudo o que eu mais queria era SEGURAR aquele homem. Como se eu inteira fosse uma vagina, e essa vagina inteira fosse um loft de 150 metros quadrados com vista para o mar. E nele o ator tivesse tudo o que precisasse. Eu queria fazer caipiroskas de lichia com a minha vagina enquanto minha vagina tocasse "My Funny Valentine". Sei que é difícil para você entender isso, entender esse amor tão sincero e puro.

Sim, ele foi capa de revista gay, mas foi numa época em que estava precisando de grana. Quando nos conhecemos ele tinha dado a volta por cima. E, sexualmente falando, ele toda hora me dava a volta por cima também. Porque ele queria comandar, dominar e, principalmente, falar. Falar dele, falar muito dele. Eu me pergunto até hoje se aquela longa e intensa e verdadeira relação de oito dias foi suficiente para que o ator soubesse meu nome, idade e profissão. Porque ele falava tanto dele, e do quanto ele tinha muitas angústias profundas apesar das horas na academia, e do quanto um dia o mundo saberia o grande ser angustiado e profundo que ele era, apesar das horas na academia, e quanto ele abominava "a imagem", apesar das horas na academia, e quanto ele era um grande fã de um autor russo de que ele nunca lembrava o nome, apesar das horas na academia. E ele sempre falava e falava e falava até ficar tarde e ele estar atrasado para as cinco horas diárias na academia. Ele levava um livrinho.

Terminamos quando fui à pré-estreia da sua peça de teatro. Ele era protagonista e puxava uma atriz loira siliconada pelos cabelos, gritando "Se me amavas tu, por que me desprezavas tu, eu que sou grande, quem, de quem jamais se nunca, se fora outrora era". Era algo assim, de uma autora jovem aclamada pela crítica da *Folha de S.Paulo* como "grande tradutora dos sentimentos de uma geração". E era tudo tão ruim. E eu disse isso para ele e ele terminou comigo. Durante um tempo, achei que era porque eu finalmente tinha falado o que eu pensava, mas depois compreendi que era apenas porque eu tinha (1) falado e (2) pensado.

A genialidade da sonsa

Eu chegava em casa e ela estava me esperando com seu kit salva-vidas: felicidade extrema, alta disposição pra topar o que quer que fosse que eu estivesse a fim de fazer (incluindo, muitas vezes, porra nenhuma) e infinita capacidade para o silêncio.

Não tinha nada disso de "queria te contar o meu dia". Ela guardava, sábia e tão misteriosa, sua enfadonha rotina para si. Às vezes, só para testar se eu era mesmo esse cara sortudo que acertou na Mega-Sena, eu perguntava: "Nani, como foi seu dia?". Como se eu me beliscasse pra ver se estava sonhando, sabe? E ela, preguiçosa, sabendo como manter uma relação saudável e plena, só balançava a cabeça, indiferente à pergunta: "O de sempre".

Sim, mil vezes sim, os dias de todas as mulheres que eu tive eram sempre "o de sempre", mas todas sempre me contaram detalhes insuportáveis e longos desse sempre, todos os dias, para sempre. E sempre acabava em choro, traição, culpa. Mas era aturar isso ou ser assassinado.

Nani transformou toda e qualquer mulher em uma megera histérica com uma matraca incontrolável. Eu via fêmeas de todas as idades, credos, cores e tamanhos pelas ruas e supermercados e restaurantes e no trabalho, e pensava: inimigas. Todas, com suas vozes infinitas em looping: inimigas extremas. Apenas Nani: deusa. Apenas Nani: eterna. Fui ininterruptamente fiel por longos oito meses.

Nani não puxava assunto, como todas. Não discordava apenas pelo prazer de deixar claro que concordar com um homem era passividade, como todas. Não saía do cinema tentando intelectualizar milhares de sentimentos, como todas. Cinema era pra sair quietão, só sentindo o momento. E Nani, tal qual um melhor amigo com vagina, sabia todos os segredos para agradar um homem em sua essência.

Um dia, no entanto, eu estava angustiado e queria falar com alguém, já tínhamos passado trinta e duas semanas no mais completo silêncio, na mais completa harmonia. Eu nunca tinha sido tão feliz, mas, naquele dia, naquele mísero dia, eu estava esquisitão por alguma razão e precisava falar. Perguntei pra Nani algo como "O que você acha?". Eu não sabia exatamente ao que me referia. Ou melhor, eu sabia: a tudo. Essa merda toda: o que você acha dessa merda toda? Geralmente aflição existencial é isso, né? Você procura uma palavra que acalme e/ou defina a porra toda e, como ela não existe, você bebe ou engole um Rivotril.

Nani, pra me agradar, tadinha, tentou falar. Mas ela não sabia falar. Ela era burra de dar dó. Não era mistério ou genialidade aquele silêncio. Ela não dizia nada porque não sabia. Terminamos e, jamais vou me esquecer, ela apenas sorriu. Que mulher!

Rick, o rico

O NOME DELE ERA RICHARLYSON. Sim, ele veio de uma família supersimples. Começou vendendo carros, virou gerente da concessionária, então diretor, depois sócio, dono, até que abriu oito concessionárias.

Ele chegou a me paquerar quando ainda era vendedor (e eu trabalhava como modelo na Feira do Automóvel, era tão legal: tinha sempre alguém querendo me pagar o jantar e me levar pra conhecer a casa em Ibiúna! Nunca fiz tantos amigos homens que me adoravam!), mas naquela época, não sei por que, não deu liga. Engraçado que eu, talvez por ter feito ioga por tanto tempo, sou zero apegada a bens materiais. Mas de repente ele surgiu como Rick, e estava tão bem-vestido e perfumado. E ele morava numa casa tão bonita e com ar-condicionado. E ele tinha empregadas que cozinhavam tão bem e não me deixavam ajudar em nada. E ele acabou me dando um carrinho, nada demais. Me apaixonei completamente!

Não era dinheiro nosso lance, de verdade: era uma parada inexplicável que, na época, eu chamei de magia. Ficamos dois meses só conhecendo hotéis de luxo e restaurantes estrelados pela Europa. Se o nome disso não é amor, sinceramente amor é uma palavra mentirosa.

Mas daí eu fiz 25 anos e, segundo o Rick, comecei a ficar um pouco velha. Eu entendo ele, respeito. Se ele podia ter tudo do bom e do melhor (ele sempre falava que era brega dizer "do bom e do melhor", que rico apenas *é* e apenas *tem* e não comenta nada sobre *ser* e *ter* — *ele leu isso num manual chamado "Como parecer que você nasceu com berço". Era um homem culto*), era justo que ele me trocasse quando eu começasse a perder o colágeno.

Hoje, analisando de longe, vejo que lidei muito bem com o fato daquele desgraçado miserável filho de semianalfabetos ter me largado. Na época eu só arranhei os dois Porsches dele, quebrei uns vasos ridículos na sala que ele insistia em dizer que custaram mais caro que meu tratamento dentário (que ele pagou, tão fofo!) e ameacei o Rick com uma faca gritando "Quando a gente se mata por amor não é suicídio, é assassinato". Fiz um pequeno arranhão no braço dele e ele só tomou doze pontos. Achei que fui até bem madura.

Meu único arrependimento foi ter assinado sem ler o acordo que dizia algo como "não fica nem com um clipe da minha casa". Dele eu só levei herpes genital e um B.O. que me proíbe de chegar a menos de cem metros de distância dele e da Melissa, a nova namorada.

2. O SEGUNDO GRANDE ERRO: CONTAR ATÉ OS SEGREDOS MAIS SÓRDIDOS

Os desaflorados

DELA

Conheci o Cléber num bar, numa sexta que minha mãe tinha me deixado sair apesar do castigo. Eu tinha catorze anos. Tinha tanto medo de pinto, mas tanto, mas tanto, que eu acho que era mesmo uma certa fascinação. O Cléber era urologista e eu morri de rir quando ele disse "Passo o dia inteiro vendo pintos". Senti um misto de nojo com curiosidade. Como será que era a vida de uma pessoa que, depois de estudar tantos anos sobre pintos, passa o dia vendo pintos variados? Quis me imaginar naquela vida e topei ir até o consultório dele. Menti que tinha dezessete anos, onze meses e trinta dias. Disse que depois da meia-noite eu já teria dezoito anos, e então nós fomos até a Borges Lagoa, onde ficava seu consultório. Cléber me mostrou um monte de aparelhos pra ver o pinto alheio aumentado em até cem vezes. Aquilo tinha uma luz muito forte e eu fiquei até o dia seguinte vendo estrelas sempre que fechava os olhos. Achei isso bem bonito. Ele disse que chegava cada "pau feio lá", e quando ouvi essa frase fiquei completamente apaixonada.

Era a noite romântica que eu tinha esperado a vida inteira. Algumas mulheres querem ouvir sobre o amor, a lua, o futuro. Eu fiquei louca quando ele falou "pau feio lá", eu só pensava "aqui, aqui", eu só pensava "pau, pau". E quando eu fechava os olhos eu via as estrelas.

DELE

A Márcia era uma prima minha. Mas ela também era prima do bairro inteiro, porque "prima" é o apelido que a gente dava. Acho que é o apelido que muita genta dá, mas na época eu achava a piada boa e exclusiva para a Márcia. A Márcia era prima em sua carteira inexistente de trabalho e também, no caso de seu parentesco comigo, em sua certidão de nascimento. Que também era inexistente, ouvi minha tia contando um dia que a Márcia não tinha certidão. Até porque o nome dela era Veruska. Agora me diz: uma prima que tem nome de puta na certidão e de prima na hora de escolher a alcunha artística? Eu achava tudo isso fascinante. Cheguei mesmo a me apaixonar por ela. Ela tinha cheiro de sabonete Phebo preto. Só ela e um tio meu, mecânico, tinham esse cheiro. Pergunta se eu fiquei com nojo da Márcia porque ela tinha cheiro de mecânico? Eu fiquei é com tesão no meu tio Walter, porque ele tinha o cheiro da Márcia.

Sou feia mas faço amor

Eu gostava de um garoto chamado Daniel. Ele tinha os cabelos castanhos cacheados e eu tinha cento e cinquenta e seis sonhos eróticos com ele por mês, que consistiam em: eu enfiava os dedos naqueles cachos e meus dedos ficavam entrando e saindo, entrando e saindo. Acho que eu era muito menino dentro da minha coisa de ser muito menina, seja lá o que isso queira dizer.

Ele namorava a Amanda, uma menina bonita e riquinha e bailarina e de cabelos lisinhos e muito meiga e boa aluna e doce e amiga de todas as outras meninas iguais a ela. Mas a Amandinha e suas amigas não faziam sexo, e todo mundo era louco pra fazer sexo com elas. Vi surgir um buraco na Matrix. Uma oportunidade de marketing. Chamei de instinto, talvez fosse desespero.

Eu era o que se podia chamar de beleza indefinida, algo que se tornaria exótico aos vinte e charmoso aos trinta. Quiçá interessante aos quarenta. Mas aos treze eu era o popular feia mesmo.

Cabelo nem pro liso nem pro cacheado e nem pra nada que pudesse ser estilo, moda ou até mesmo um cabelo. Eu tinha um redemoinho no canto esquerdo da testa que me deixava com um topete escroto e aumentava a minha já grande testa em alguns metros. Era bem estranho. Pra tirar minha febre, minha mãe colocava suas mãozinhas na minha testa e ainda sobrava mais metade para além das mãozinhas de mamãe, entende? Mais tarde eu descobriria a magia de fazer progressiva apenas na franja e ganharia uma nova perspectiva na arte do amor.

No futuro, meu nariz me daria muita personalidade, meu dente torto me traria autenticidade, meus óculos, um ar de "caguei para sua obsessão com a estética, ainda que esses óculos sejam lindos e de marca". Mas naquela época eu só queria que um menino sorrisse pra mim durante o recreio, entende?

Voltando à Amandinha, que não transava. Foi daí que eu tive a ideia. Eu possuía algo que aquelas meninas não possuíam: eu poderia fazer sexo. Eu nunca tinha feito e me parecia a coisa mais bizarra do mundo, mas... se isso fizesse o Daniel me dizer "oi" no recreio apesar do meu cabelo, da minha testa, do meu nariz, dos meus óculos, do meu aparelho dentário extraoral, por que não?

Eu calmamente caminhei até o Daniel e disse: "Hoje, às quatro, na minha casa, eu vou fazer sexo com você, tudo bem?". Ele respondeu sério, sem rir, sem parar pra pensar: "Me passa seu endereço que eu peço pra minha mãe me levar". Saí pisando firme, com os olhos apertados e as unhas enfincadas na palma das mãos. Minha vontade era sair correndo e só voltar pra escola na outra encarnação. O que tinha me dado?

Pois bem, às três da tarde, sem conseguir conter o coração e o intestino, expulso minha empregada de casa. Mas o que você vai aprontar? Sua mãe sabe que vem um garoto estudar aqui? Quatro em ponto, vejo da janela do meu quarto um Escort vermelho parando em frente ao meu prédio. Daniel desce cheio de livros. Sua mãe o acompanha até a portaria. Ele entra. Meu coração vai parar na língua. Eu vou fazer sexo. Eu consigo fazer. Ele vai enfiar o pinto dentro de mim. Eu vou ficar bem quietinha até parar de doer. É isso. E amanhã, na hora do recreio, ele vai... Ele vai o quê? Continuar namorando a Amandinha, que é bailarina e tem o cabelo lisinho e é amiga das meninas mais bonitas da escola.

A campainha toca. Do olho mágico, vejo Danielzinho puxando de dentro de um livro e guardando no bolso uma fileira animada de camisinhas. Me sinto ofendida: esse idiota tá achando que vou transar com ele? Então esse desgraçado nem sequer me olha na cara na escola e vem até a minha casa pra me comer? Mas que belo lixo de ser humano, hein?!

Expulso Daniel da porta da minha casa e vejo medo e vergonha em seus olhos. Aquilo me deu um poder! Medo e vergonha me pareceram mais interessantes que "oi no recreio" e assim, durante boa parte da adolescência, fui uma daquelas feiosas que "odeiam os homens, esses grandes inimigos, esses demônios do mal". Por pouco não virei uma daquelas feministas.

Até que lá pelos quinze fiquei bonitinha e fiz as pazes com Jesus, o Sistema Solar, o cosmos, a humanidade e até com o Daniel.

Tipo muito gostosa

Quando você, depois de cem anos de vida estudantil sem pegar nem dengue, consegue pegar a sua primeira muito gostosa, é como se todos os anjos tivessem resolvido se unir a favor da sua existência.

É a língua dela encostando na sua, mas a verdade é que parecem os sinos divinos tocando no céu da sua boca. É apenas a mão dela tentando abrir a sua calça, mas parece o Silvio Santos abrindo as Portas da Esperança e o Brasil inteiro acompanhando aquele momento incomparável em que o seu único sonho real (que te fez estudar, se formar, trabalhar, malhar, acordar, entre outras coisas chatas) está acontecendo.

Você sente uma mistura de vontade de instagramar ela abrindo a sua calça e marcar todas as pessoas do seu colégio com a hashtag "Chupa, cambada", mas não pode. Como diria algum mala em algum livro mala, "os melhores momentos têm luz própria e não precisam de flash", ou alguma merda assim.

Deus, cansado de observar de camarote e pulseirinha vip a miséria humana que é a sua vidinha de ter que aconchegar roliças divertidas no inverno (tentando se convencer de que aquele é o ápice da sua vida sexual), resolve te mandar um agradinho esporádico. E a esse agradinho, que costuma ocorrer uma vez a cada dezoito meses, chamamos de pegar uma mulher muito gostosa.

Parece piada, você procura as câmeras da pegadinha, você acha que o Ivo Holanda, das pegadinhas do Silvio Santos, sabe?, vai aparecer a qualquer momento, você fica curioso, tipo "tem certeza MESMO que você, oh, deusa absoluta do cosmos, quer dar pra mim?". Mas tudo isso é interno. Por fora você está que é todo segurança. Sorrindo contido, lidando com aquele momento como se fosse corriqueiro, como se fosse mais do mesmo. Você segura o pavor na barriga, como se fosse um daqueles peidos quentes que pode destruir todo um bairro, e age como se ontem mesmo uma top model tivesse te implorado amor.

A Natália era feia, mas era magra. A Joana tinha a bunda da largura da mesinha de centro da sua avó, mas tinha um cabelo lindo. A Beth tinha a cara inteira manchada de espinha, mas a bunda era um espetáculo (geralmente rola essa regra: bunda boa, pele espinhenta). E o cara se acostuma nessa vida de negociar o tamanho da desgraça em nome de algum brinde. Mas não, não estamos falando disso. Estamos falando de perfeição. Daquele momento em que o cara pega THE muito gostosa. E a MUITO gostosa não tem apenas peitos e bunda e coxas exemplares. O nariz, o cotovelo, o dedão, o queixo, o dedo mindinho. Tudo da muito gostosa é muito bonito. Nada nela é "até que charmoso" (desculpa que a gente dá pra mulher baranga) ou de personalidade (desculpa que a gente dá pra mulher baranga) ou "funciona no conjunto todo" (desculpa que a gente dá pra mulher baranga). Nada ali é uma desculpa, até porque fica muito claro, quando uma mulher MUITO GOSTOSA quer dar pra você, que a vida já te perdoou por tudo.

Isso está meio preconceituoso. Dane-se. Não é uma entrevista para revista feminista, ou para revista da mulher moderna, ou para revista da mulher que acredita em si mesma e vai à luta, ou para revista da mulher que tá uma orca mas aprendeu a se achar bonita mesmo assim, ou para revista "sim, ele pode te amar como você é". Isso aqui é apenas um desabafo sincero. Eu sei, você tá me olhando com aquela cara de "como eu pude casar com esse idiota". Eu te explico: o homem idiota é macho o suficiente para assumir algo da essência de todo e qualquer homem. Somos todos imbecis caçadores infinitos de e obcecados por mulheres que nos esnobavam em nossa pré-adolescência. O homem para nos doze anos, na idade exata em que a primeira gostosa o preteriu. E nunca mais consegue amadurecer até que consiga sapecar pelo menos cento e doze desses seres que atendem pelo apelido de ESPETACULAR. Eis a terrível realidade de um ser humano do sexo masculino.

El grande trepador

Lembro vagamente de uma conversa interessante, mas sei que ela foi encurtada por uma urgência mútua que nos fez consumidores ávidos de nós mesmos. Algumas pessoas são como bifes suculentos numa vitrine acenando para um retirante que está lutando por algum alimento há semanas. Não dá tempo de cortar a carne. Nós a enfiamos sem dó, inteira, pela boca trêmula, para só depois passar meses digerindo.

Perdão, mas estou falando aqui sobre aquele cara que, depois de uma dúzia de moços mais ou menos, nos faz ver fogos no céu de um planeta neon. Nos faz tocar raios estelares de uma galáxia dourada. Nos faz dançar com astros pirotécnicos de um universo mágico. Nos faz concluir que ser intelectualizado, sensível e ter caráter são características secundárias ou, quiçá, mais obsoletas que o apêndice.

Acompanhe o roteiro. Este rapaz estava fazia mais de quarenta horas sem dormir, pois tinha emendado uma noitada na outra. Esse rapaz estava completamente alcoolizado na festa em que veio falar comigo. Este rapaz, além de alcoolizado, tinha fumado um cigarrinho que passarinho não fuma. Este rapaz passou dos quarenta anos de idade. Enfim, a chance de ele brochar com esse somatório de fatos era maior do que a de um ministro desviar verbas ou a de uma modelo não ter lido Dostoiévski. Ainda assim, ele performou como poucos ou raros (ou nenhum) performaram até essa data memorável de fevereiro de 2014.

Ao final de nosso longo périplo sexual, o qual abarcou todas as partes em todas as posições em todos os cantos de todos os cômodos, ele me pediu um copo d'água... não sem sentir um tantinho de vergonha por ser humano. Que homem. Depois uma banana, e disse, rouco: "Você me exauriu o potássio". Que HO-MEM.

Na manhã seguinte, com a pele do rosto rejuvenescida por um peeling natural (ele tinha barba), acordei assoviando e, sem medo do ridículo, olhei para ele e falei: "Eu te amo". Antes de ele sumir para sempre abduzido pelo buraco do meu elevador, gritei novamente que o amava.

Nem sei qual é sua voz, de que bandas ele gosta, quais seus escritores preferidos e em que circunstâncias ele segura firme na mão de alguém. Mas sei que para sempre eu o amarei com profundidade, sinceridade e eternidade.

Não é a poesia, não são as canções, não são os castelos, não é a arte. Não são as promessas, o comprometimento, o casamento ou uma joia caríssima. Um pau realmente duro por horas ininterruptas é o melhor e mais lindo elogio que um homem pode fazer a uma mulher.

Uma ode

SE VOCÊ QUER MESMO SABER COMO FUNCIONA, eu te falo. Sim, são quase todos os dias. Sim, mesmo quando rola com você, depois ou antes ou durante rola comigo. E isso não tem nada a ver com você. Mesmo quando eu penso em você, não tem nada a ver com você. Ou com a Jenna Jameson, Jesse Jane, Bree Olson, Sasha Grey, Asa Akira, menina do meu trabalho, sua prima, aquele retrato da sua mãe quando jovem, Dani, minha ex, garota do ônibus de hoje de manhã... Tá, não me olha assim, parei.

É como um vício. E quanto mais fazemos, mais ficamos exigentes. Com tantas opções on-line, a busca pelo vídeo perfeito vai se tornando aos poucos um exercício exploratório. Uma missão. Assim como a qualidade da pressão e da agilidade. E existem vários tipos. Pode ser uma longa e relaxada no qual eu fico "economizando" para o momento certo. Ou pode ser uma rapidíssima, no banheiro do escritório, no chuveiro da academia ou enquanto a esposa dorme e sonha que está numa jangada em dia de maré brava.

Nada supera a excitação do sexo real. Mas... quando

é o primeiro encontro com uma mulher, e não temos nenhuma intimidade, e para piorar estamos intimidados... sim, há grandes chances de a gente desmarcar. O homem covarde, 98% mais ou menos, pode desistir e ficar em casa imaginando como teria sido o encontro se ele tivesse sido um sucesso. Além da garantia absoluta de que não vamos brochar, economizamos o jantar com vinho e manobrista, o que, 98% das vezes mais ou menos, dá mais de 245 reais. Não, eu não imagino o tipo de conversa que eu teria com a mulher. Aliás, essa tua pergunta nem faz muito sentido.

Amiga de todas as ocasiões. Terapêutica em momentos de crise, libertadora quando o ambiente está chato, relaxante quando a tensão parece sem fim, boa de ser "tirada" como um chope perfeito. Meu grupo de WhatsApp, aquele que eu nunca deixo você ver, recebe novos lançamentos a cada meia hora. Somos uma maçonaria de tarados.

Na adolescência, certa feita, inchei a cabeça. E, sim, eu tinha medo da mão peluda e de ficar com tetinhas. Até porque eu já tinha um pouco de teta. Quanto mais tempo eu fico sem, maior o jateamento. Depois você reclama de cegueira. Se está frio, nem precisa tirar a roupa. Basta chamar o amigão, que logo já aparece como um cachorro obediente e louco por atenção.

Um grande aliado para você não fazer besteiras como, por exemplo, sair de madrugada para longe de casa, cansado depois de um dia de trabalho, só para transar com uma mulher de que você nem gosta. É como ir ao bar com seu melhor amigo! (e esse, pode ser difícil para você entender, é o melhor de todos os elogios). É o único momento em que eu não tenho dúvida de que a direita é melhor que a esquerda. Xvideos, Beeg e Pornnub, nós saímos do submundo e merecemos respeito! Jamais chata, burra ou com bafo, é o amor-próprio que nunca será ensinado em best-sellers idiotas.

Sim, teve suruba também

Olha, eu não queria dividir isso com você. Não concordo que um casal tenha que contar tudo um pro outro. O que eu fiz está feito, não tem volta. Não vou dizer "que meus erros me trouxeram até aqui" porque seria um clichê, mas, bem, é mais ou menos isso.

Supondo que eu tenha participado de uma suruba, supondo que numa visão machista e retrógrada isso seja o fim da picada, supondo que tenha algum sentido essa sua cara agora: olhos arregalados, boca aberta, bochechas pálidas. Isso tudo me trouxe até você, então vamos ser felizes e esquecer?

Como assim, você não consegue? Não, por favor, não me faça contar. Tá bom. Éramos sete, quatro mulheres e três homens. Na real, eram três casais e eu. Eu estava ali porque "sou a amiga divertida", a que faz todo mundo rir. Daí os casais escutam meus absurdos e saem de suas rotinas insuportáveis de omeletes e louças e gavetas e sons nasais suínos e carteiras perdidas. Ao invés de irem a uma stand-up comedy ou coisa do tipo, me chamam, entende?

Só que eu estava cansada dessa pouca-vergonha! De ir

lá desfilar minhas loucuras em pequenos esquetes para depois voltar sozinha pra casa enquanto eles me usariam de tema para não mergulhar no silêncio sepulcral do carro. A minha vida estava uma merda na época, mas duvido que ser casado seja melhor que isso. Desculpa, eu não devia te falar isso uma semana depois do nosso casamento.

Bom, o fato é que, ao invés de piada, como era o esperado, eu simplesmente tirei a minha calça. Na frente de todo mundo. Chega de fazer o maridinho da amiga rir da amiga engraçada. Eu quero ver é esse desgraçado de pau duro. Desculpa. Chega de ser a piadista porque mulher piadista se mata pra agradar, e alguma imbecil em silêncio que fica olhando pro horizonte e fazendo cachinhos com o cabelo rouba de nós todos os caras. CHEGA DESSA PORRA. Perdão.

E um deles, que estava mais bêbado, me agarrou. E a mulher dele, porque estava de olho há tempos no marido da outra amiga, deixou. Desde que ela pudesse fazer o mesmo. E a mulher desse outro marido começou a disputar o primeiro marido comigo. E o terceiro marido ninguém queria, me deu uma certa dozinha, e eu fui lá. Porque suruba tem um pouco de solidariedade também. Não basta ser tarado, tem que ser uma pessoa boa de coração. E isso eu sou.

Como eu fiz isso? Ué, te explico! Para fazer uma surubeta (era Páscoa e achei por bem chamar de suruba fora de época), o fundamental é estar com algum autotesão, ter bebido um pouco e não estar apaixonado (possessivo) por ninguém do grupinho. Ah, e ser verão, tem que estar um calor tão insuportável que ficar pelado seja a coisa mais digna a fazer.

Se a casa em que você estiver for moderna e acolhedora, também facilita. Moderna porque é preciso olhar um abajur alemão em formato de cubo estilizado para lembrar que 2012 está aí e seus avós não estão vendo o que você está fazendo. Acolhedora porque onde tem muitos joelhos e cotovelos é preciso que existam também muitas almofadas.

Uma trilha que atice as pessoas e ao mesmo tempo seja felizinha. É muito importante que a suruba não fique deprê em nenhum momento. Se houver uma única pessoa querendo correr dali pra rezar uma missa ou com nojinho, ela estraga a festa de todo mundo.

Ah, não era isso que você queria saber? Você quer saber como EU PUDE fazer isso? Com você? Mas você nem existia na época! Tá bom, mas eu não te conhecia. Sim, aquele casal que encontramos no velório do meu vozinho estava lá. Sim, enorme. Não, se bobear o casamento deles até melhorou. Sim, vamos pro quarto.

Língua do P

Sim, eu já tive o famigerado PA, vulgo pau amigo. Eu não gostava dele o suficiente para namorar, mas em contrapartida era justamente por isso que eu gostava tanto dele. Não sei se faz algum sentido, mas essa frase resume toda uma existência e todo um século.

Ele se chamava Beto. Não era bom de papo e minhas amigas o apelidaram de "ruim de fala, mas bom de falo". Durou dois anos a nossa não relação e foi a coisa mais bonita que já não vivi.

Não me olhe assim, você pediu a verdade. Quer que eu continue? Então presta atenção. Pau a pau com o pau amigo, as mulheres também se utilizam muito do pexa, o pau ex-namorado amigo. A velha intimidade revisitada, quase uma bossa nova remixada, se isso não fosse tão brega.

Toda mulher tem ainda o pau-para-conversar-sobre-cinema-ou-música-ou-angústia-amigo. É o famoso psa, o pau sensível amigo. Homens com pôsteres do Truffaut em casa, ainda que eles não tenham a mais puta ideia de quem foi esse cara, já roubaram muitas mulheres de instrutor de jiu-jítsu. Um pôster de cinema europeu é pau a pau com um bração de estivador. Mulheres são confusas e eternamente divididas entre grosseirões e príncipes intelectuais.

Toda jovem moderna tem um descolado-para-dançar--e-beber-amigo. É o PHA, o pau hipster amigo. Os ultramodernos nos dão a mesma sensação de estar desfilando com botas muito fashion e caras. É legal ser vista com ele, simplesmente isso. Que atire o primeiro pau a mulher que nunca teve o PRA, conhecido vulgarmente, ainda que jamais vulgar, como pau rico amigo. Poderíamos chamá-lo de rapaz fino, mas confundiria o apelido.

E, finalmente, que moçoila ativa deste século nunca experimentou um tipinho cheio-de-ginga-papinho-mole-CDs-dos-novos-baianos-chinelos-amigo. É o PCA, popularmente conhecido como pau carioca amigo. Aí, perdeu, playboy. O carioca amigo não faz nada, não tenta nada, não planeja nada. Ele fica lá, deitado, entre a preguiça e a alegria de estar vivo. Apenas algo nele, um detalhe maroto e vistoso, se mantém sempre disposto e curioso. Eis o amigo mais perigoso.

The unforgettable brochada

Claro que houve outras, mas essa foi especialmente marcante. Até hoje encontro a mulher e faço a piada: "Fui para Boston nas minhas férias, Boston Medical Group... E você, o que me conta?".

Ela sempre sorri amarelo, preferindo jamais ter me conhecido, e dá uma conferida em si mesma, automática e sutil, passando os dedos na cintura. Ela ainda pensa que eu a achei gorda. Se mulher soubesse como a coisa é muito mais simples que isso, e por isso mesmo muito mais complicada... Parece fácil ser idiota, mas ser idiota requer muita habilidade e profundidade.

De repente: um branco. Um nada. Eu completamente *a-pau*. Era como dar um comando a um desses bichos de pelúcia que de tão afofados pendem a cabeça para o lado. Um ursinho de pelúcia bêbado, um bichinho inanimado que foi fazer "Sim" apenas por culpa da gravidade e se instalou, absoluto, em um reinado submisso e cabisbaixo. Se o pau fosse seu amigo, encarava junto com você a mulher que ele não quis comer. Mas ele prefere olhar pro chão enquanto você vasculha no cérebro alguma doçura falsa.

A pior coisa quando o pinto está acomodado no aconchego da inércia é não ter uma boa desculpa. E eu não tinha. Eu não estava nervoso. Eu não estava bêbado. Nem com quarenta graus de febre. Não era nenhuma superpaixão mal resolvida da adolescência, nem a maior gostosa dos últimos trinta anos, tampouco a pior baranga da década. Ela não tinha nada escroto, tipo bafo, ou verruga com pentelho nas costas, ou piercing nos lábios vaginais, ou pés com cheiro azedo de sandália Melissa velha, ou aquele tipo de sutiã que apelidei de "devolve agora o dinheiro que eu paguei naquele restaurante de viado", que vem com tanto ferro e enchimento que dá para construir uma ala inteira do carnaval da Mangueira.

Não era minha chefe, ou alguém que poderia me deixar tenso por se tratar de um jogo de poder. Não era minha estagiária ou uma garota novinha, o que poderia me deixar com medo de um possível pai extremamente agressivo e ligeiramente psicopata. Não era uma ricaça metida que poderia me humilhar por eu estar com uma cueca toda puída e com o elástico soltando. Era apenas uma menina legal, bonitinha.

Você tem razão, conversar faz bem, mesmo. Conforme eu fui te contando, comecei a morrer de tesão por todas essas mulheres que poderiam ter me feito brochar. Talvez a questão seja que uma mulher que não te dá nenhum motivo pra brochar é a coisa mais brochante do mundo.

O empreiteiro sensual

Jamilton era muito magro, muito raivoso e muito parecido com o Zé Ramalho. Uma amiga me passou o contato quando eu pedi indicação para a reforma do meu antigo apartamento, e avisou: "Não vai se apaixonar". Achei que era piada.

Eu sei, talvez seja impossível para você entender. Homens acham que basta pagar o jantar e ter um carro. Que basta ouvir os problemas e saber fazer sexo oral. Que basta misturar camisas com bermuda para dar um ar de jovem bem-sucedido. Jamilton quebrava paredes, meu querido. Ele estava acima do *checklist* do burguês sexual.

A dúvida era: "Você acha que eu deixo a sala maior ou mantenho o segundo quarto?". O arquiteto ficou apreensivo com a pergunta, meu namorado da época ficou em dúvida, meu pai ficou tenso. Jamilton nem me esperou terminar a frase e marretou (eu visualizei uma marreta, sei lá) a parede. "Tá resolvido!" Cada vez que esse homem falava "Tá resolvido", eu tinha que abaixar a cabeça e contar até dez para não morrer queimada pelos raios de Zeus. Que macho!

Enquanto meu namorado da época, meu pai e o arquiteto morriam de rinite alérgica macabra toda vez que "visitavam" a obra, Jamilton praticamente morava lá. E em três meses de poeira, entulhos e tintas ele nunca sequer deu uma coçadinha no nariz. Eu espirrava e ele vinha com um teco de papel higiênico, dizendo "Tá resolvido". Depois que eu assoava, ele estendia a mão para pegar de volta. Eu fazia que não e ele me olhava tão feio que, para não levar uma cintada (Ah, Jamilton!), eu acabava cedendo meu muco.

Uma vez eu tropecei na porta. Eu estava na dúvida se arrancava ou não a porta da cozinha. O arquiteto ficou tenso, meu pai, apreensivo e meu namorado da época, em dúvida. Jamilton foi lá e marretou a porta. E disse "Tá resolvido". E eu tropecei na porta, como estava dizendo, e ele me segurou pelos braços. E disse, sem querer ser sexy, mas sendo sexy em algum planeta bizarro que eu habitava naquele segundo: "Eita, dona, já vai, é?".

O mais charmoso de Jamilton era sua dupla personalidade: comigo, um super-herói do cangaço; com os pedreiros, um coronel mordaz. Um dos pintores atrasava tudo e espalhava caroço de mexerica pela obra inteira (adoro que uma casa em obras não é uma casa, mas uma "obra") e ele chamou a atenção do cara com uma das frases mais sábias que ouvi em toda a minha vida: "Se mexe, desgraçado!".

E, com esse charme abalador, ele veio me dar a notícia, firme e duro como sempre: o que era para custar vinte mil reais tinha ficado em oitenta mil. Eu precisei recorrer a um empréstimo. Meu pai ficou apreensivo, meu namorado, tenso, o arquiteto, em dúvida. Dessa vez o que o sexy empreiteiro quebrou (a depender do ângulo, ele lembrava um pouco o Pedro de Lara também) foi o meu galho. Ele contou, com a simplicidade do homem rude e prático, que estava fazendo a obra de "cinco ricaças" e que estava com tanto dinheiro que ia dar um carro para cada um dos três filhos. Me deu um desconto de dez mil reais e o restante eu poderia parcelar, segundo ele, "a perder de vista". Vai pagando como pode e "tá resolvido".

A última parcela paguei via "uma forma de escambo muito antiga na história humana" — no entanto, bastante diferenciada para mim. Não, nada a ver com sexo. Acho que foi amor mesmo o que eu fiz.

Tive, sim, outro grande amor antes de ti

É IMPORTANTE QUE VOCÊ SAIBA QUE, antes de você, eu morei com essa mulher por vinte e nove anos. Foi uma relação intensa, com muitas brigas e separações. Uma vez a coisa foi feia: fiquei oito horas sem telefonar. Mas a gente sempre fazia as pazes na cozinha, nos dávamos muito bem na mesa. Com seu nhoque e pudim de leite, ela sempre conseguia de mim o que queria.

Eu sei que é difícil pra você ser comparada assim com outra mulher tão mais velha. E tão mais roliça. E o que é pior: perder tão deslavadamente pra ela. Sei que dói aceitar, que, apesar do meu amor por você, jamais serás a única. Tampouco a preferida. Dona Ângela, com sua varizes extremas, que parecem tatuagens de galhos de árvores, chegou primeiro e em primeiro deve permanecer.

Antebraço do tamanho da coxa de um jogador de futebol em repouso, papada de pelicano faminto, lombar maior que a de uma mesinha de centro de casa de milionário, dona Ângela é a única mulher que realmente me leva ao delírio. Essa senhora massageou meu duodeno com óleo de coco quente (crendice aprendida com uma vizinha) durante toda uma infância macabra de prisão de ventre. Ela fazia com as pontas dos dedos "o caminho do bolo fecal" enquanto cantava uma musiquinha para me acalmar (e também para abafar os peidos que eu não controlava).

Agora não posso chegar pra essa idosa iluminada, e espero que você entenda, e dizer "Fui, valeu, até mais". Seria magoar demais o único ser humano da Terra que daria a vida por mim. Sei muito bem que você não me daria nem um rim. Aliás, você não quis dar nem metade no financiamento do nosso apartamento. Entre outras coisas que te peço tanto pra dar e que você nega solenemente, com cara de nojinho.

Dona Ângela, essa fortaleza, enterrou a mãe e no mesmo dia me fez batatas fritas. Era uma quarta-feira, dia de batatas fritas, e ela não quis me ver triste, não quis desrespeitar nossos acordos gastronômicos. Já você estava triste porque o gato da sua melhor amiga ia precisar de hemodiálise e não quis me fazer nem um elogio. Justo no dia em que eu estava com a camisa nova que mamãe me deu. Entende a diferença entre você e ela? Entende por que não consigo agora, só porque sou adulto, como se isso fosse desculpa para ser escroto, tirar mamãe do epicentro de minha devoção e colocar você?

Vai ter que ser assim, espero que você aceite. Amor incondicional e entrega total só por dona Ângela. Com você, apenas casamento, família e filhos.

3. INTERLÚDIO:
PITADAS DE BONS COSTUMES
E BOM SENSO

Os proibidões no começo do namoro

☑ Sim, os amigos dele ficaram estacionados nos doze anos. Perderam o trem do amadurecimento porque estavam enviando pornografia pelo grupo de WhatsApp chamado SALSICHADA. Não vai ser fácil, amada, mas aqui vai uma dica de uma mulher que já levou muito pé na bunda: antes de uns cinco meses de namoro, nunca, jamais diga que aqueles moleques fritaram o cérebro em óleo requentado de feira. (Depois, tá liberado!) Faça de conta que ama todos eles e sorria sempre que eles assoprarem depois de um arroto implosivo e quente de cerveja barata. Seu cônjuge está fazendo o mesmo aturando a Bia, a Ju, a Pri e a Má. Porque, né?, vamos combinar que elas são insuportáveis.

☑ Sim, a Bia, a Ju, a Pri e a Má só falam merda purpurinada. Te dá uma vontade imensa de mandar a real: "O fulaninho não te ligou porque você, além de chata para cacete, fica ridícula com essa mania de usar bota de lavar quintal com saia plissada". Mas pensa que ontem sua mozinha aturou o seu *best friend* Peida falando por horas sobre harmonização de cerveja preta. Namorar é ceder.

- ☑ Por falar em ceder, meu amigo, espera uns dois meses para pedir isso aí que você quer. Vai se divertindo com o orifício tradição, família e propriedade.

- ☑ Guarde o que você realmente pensa sobre essas sandálias medonhas (com solado de rolha de vinho barato) da sua namorada para daqui a uns meses.

- ☑ A ex-namorada dele é uma vaca. Isso está combinado entre a gente, decidido, não tiro sua razão. Aliás, vou além: reforço em letras garrafais e itálico que a ex-namorada dele é uma *VACA*. Não precisa me explicar, eu sei exatamente como funciona, nem é por ela ser bonita, é por ela ser A MELHOR AMIGA DELE. Ele quer ir ao show com você E COM ELA. Porque a vaca ainda está solteira e não tem com quem ir. A dica é: nunca tenha um ataque histérico "mongobila" e saia da casa dele gritando: "Ou ela ou eu". Ele pode até te escolher, mas vai falar com ela escondido. E você estará criando toda uma aura de proibidão para essa amizade que, se não era sexual, acabou de virar com a sua ajudinha. A dica é a mesma que a sua avó daria: seja amiga da puta, da vaca, da pilantra, da magra da ex-namorada dele. E, com muita doçura e esperteza, maquiavélica como só uma pessoa passivo-agressiva consegue ser, aos poucos a desqualifique. Por exemplo: "Chamei a Aninha (bem nome de ex-vaca) pra ir com a gente no cinema porque ADORO A COMPANHIA DELA E SEI QUE ELA ANDA CARENTE, TADINHA, mas não sei se é o tipo de filme que ela curte. Ela curte umas coisas mais bobinhas, né, amor?". E com o tempo você se tornará a melhor amiga dele. Porque ele não é bobo e nem você. Já a Aninha...

☑ Todo mundo tem um tio malufista na família. Ainda não conte sobre o seu. Todo mundo tem uma tia que já tomou choque na cabeça. Ainda não conte sobre a sua. Aquele primo distante que já tentou o suicídio, mantenha em sigilo por enquanto. Genética podre todo mundo tem, mas todo mundo se assusta com a do outro.

☑ Isso acontece com 0,9% da população: você tem um terceiro mamilo. É apenas uma manchinha na barriga, mas, se a pessoa olhar com bastante atenção, vai perceber um comecinho de biquetinha nele. Sexo no escuro pelo menos por um mês! Se o parceiro esbarrar ali, mente, fala que é uma espinha. Você ainda sai de jovem.

☑ Você só consegue gozar quando pensa no seu chefe berrando "Isso aqui tá uma merda, refaça tudo!!!", porque esses beijinhos carinhosos que ele te dá no ombro são brochantes? Definitivamente não fale nada, e assim que possível chute esse cara ou se interne na terapia lacaniana.

☑ Sim, a Carolzinha, a melhor amiga da sua namorada, é uma deusa besuntada em mel orgânico. E você gostaria de lambê-la da sola dos pés até as pontas duplas do cabelo. Mas é muito importante que isso não fique claro. E essa regra vale para as primeiras semanas de namoro e por pelo menos uns cento e vinte e sete anos. A não ser que sua namorada seja a pessoa mais legal do mundo (ou tenha uma autoestima incrível e/ou um pezinho maravilhoso na bissexualidade) e tope ouvir sobre suas fantasias relacionadas à pequena Carolzinha, deusa de sua poluição noturna, atue, minta, negue, vire a cara, reze, esfregue gelo nos olhos.

- ☑ O filme *A natureza selvagem* mexeu com você? Essa coisa de casa, trabalho, carro, família, casamento, filhos te dá urticária? Você está nessa de namoro apenas para fazer uma concheta (conchinha com mão na teta) por mais umas semanas e depois vai zarpar? Legal, guarda isso para você. Ou conta só para o Peida, seu melhor amigo. Ou pro Drigueira, seu brother de tomar breja toda quarta. Escolhe um desses gênios e brilha no desabafo.

- ☑ Sua mãe passou dos cinquenta? Tá com problema na tireoide? Já perdeu um cachorro que ela tratava melhor do que aos filhos? Segura um pouco, não a apresente ainda. Ele vai pensar no futuro, e homem pensando no futuro DÁ MERDA. Deixa ele viver esse presentinho maravilhoso com você ainda equilibrada, magra e planejando apenas a Páscoa em Búzios.

- ☑ Com o antidepressivo você vira uma bomba atômica de celulite que não curte sexo? Sem o antidepressivo você fica magra, gostosa e tarada... mas pode ser presa por assassinato a qualquer momento? Vamos manter meia dosagem e esperar uns três meses para debater a questão. Se der para esperar dez anos, melhor.

- ☑ Se ele perguntar com quantos caras você já transou, responda apenas "Odeio homem machista, isso não é da sua conta". Mas se ele insistir e for machista, e você estiver MUITO a fim desse machista (ou apenas cansada, porque 98% deles são machistas e você não aguenta mais comer no japonês com suas amigas no sábado à noite e conversar sobre seriados), faça a seguinte conta: divida sempre por três e acrescente o número 1. Se forem mais de trinta, onze é um número excelente e perdoável e não redondo (o que prova que não foi um montante mentiroso e aleatório que você inventou). Se forem seis, três é quase a mesma coisa e você ainda pode dizer "Você foi o terceiro". Homens, por alguma razão, sentem o cosmos em harmonia sendo um escolhido ímpar. É como se eles tivessem chegado para fechar um ciclo. Eles são o pé que mantém o equilíbrio do banquinho. Se forem mais de cem (parabéns!), o número vai dar trinta e três vírgula três para sempre, e você faz a piada da dízima periódica, "Eu nunca mais consegui parar de transar", e arranca a roupa dele, que tudo será esquecido.

- ☑ Atenção. Seu álbum na Disney, você abraçado com o Pluto e comemorando com um soquinho no ar ter vencido o grande desafio de uma montanha-russa com nome de cobra assassina: só a sua mãe acha isso legal.

- ☑ Quando ele tem problemas profissionais, ele bebe? Você gasta meio salário em terapia, mas o covardão vai lá e bebe? E ainda diz que não precisa de terapia porque é macho? Nesse caso não dá para segurar muito tempo sem mandar um sincerão. Mas tente esperar pelo menos por uns dez dias. Homem gruda eternamente (precisa ver se você quer isso) em mulher que "diz a verdade para fazer deles homens melhores", mas só depois do período de experiência na relação. Ser a mulher que quer "transformá-lo em um grande homem" antes de dez dias é ser a maluca que se mete na vida dele.

- ☑ Precisamos falar sobre o peido!, esse safado, esse fantasminha camarada. Depois de uns meses morando juntos, um dia será inevitável que ele apareça. O peido "foi sem querer" é o *good cop*, o peido "peidei mesmo" é o *bad cop*. Se escapar, pode ser um momentinho fofo, perdoável e símbolo extremo da intimidade. Mas cuidado para não confundir "Ela me deixa à vontade" com peido. Sinta-se à vontade para ser quem você é, mas você é mais do que um homem que peida, confere? Mulheres, principalmente as do signo de terra (sorry por cagar uma regra tão específica, mas já que estamos falando de peido...), gostam de homens cheirosos e controlados.

- ☑ Mesmo que seja verdade, mesmo que por alguma razão obscura do cosmos você ache isso divertido, jamais mencione que é a sua mãe que compra suas cuecas.

- ☑ Você sente um amor lancinante, já botou o sobrenome dele depois do seu para ver se orna, espiou fotos dele criança para ver como será o rostinho do pequeno Matias, seu filho? Sente que "eu te amo" é a única coisa sábia a ser dita? Sente que "agora é esse, agora vai, era para ser, até que enfim, é você"? Vamos esperar completar pelo menos vinte e quatro horas que vocês estão juntos para falar pra ele, o.k.? Depois você espera mais uns três meses.

☑ Mentira, pode falar pra ele. Se ele for legal, não vai sair correndo. Homens legais ficam. Ou voltam. Ou voltam depois de doze anos. Uma grande amiga tem uma frase maravilhosa: "Quem tem pinto sempre volta".

☑ E, por fim, como estamos demonstrando neste magnífico livro: NÃO FALE DOS EX-NAMORADOS. Se for para xingar, o atual vai achar que um dia pode ser com ele; se for para falar bem, o atual vai ficar inseguro e falar também da ex. E daí você vai ficar vingativa e falar mais do seu ex. E daí ele não vai deixar isso barato e vai chamar a ex no Inbox do Facebook. E você vai descobrir e vai chamar o ex para sair no mundo real. E ele vai ficar sabendo, e por aí vai ladeira abaixo, até um crime passional selar o destino de duas pessoas que tinham apenas que estar no cinema, curtindo a vida. Então: não.

10 dicas do que um homem jamais deve fazer quando o assunto é sexo

1. Ir embora logo depois de gozar. Pelo menos ronca meia hora para demonstrar alguma entrega.
2. Agradecer depois de gozar. Meu amor, eu não te fiz um favor. Eu TE FIZ. Entende?
3. Guiar a cabeça da mulher. O ano é 2015, a cidade é São Paulo e as mulheres vão com sua cabeça aonde quiserem, quando quiserem. Quer guiar alguma coisa, fica em casa brincando de corrida no videogame.
4. Atender o Betão, o Cabeça ou o Batata logo após a cópula e falar "Já tô indo, me espera cincão que eu tô chegando".
5. Bater punheta porque "Gata, você não tá sabendo fazer do jeito que vai mais rápido". Não, amigo, não. Primeiro: não é prova de velocidade. Segundo: calma, a gente chega lá, eu sei que você trepa com você há mais tempo do que eu trepo com você, mas eu posso aprender. Terceiro: viciados em joystick não merecem a realidade.

6. Se gabar porque a mulher gozou. Meu amor, mulher goza em promoção de bolsa de couro falso. Gabe-se apenas se você adivinhou que aquela música era *La Chanson de Prévert*, com Jacques Brel e Serge Gainsbourg. Daí tudo bem.
7. Nunca, jamais, em hipótese alguma, chame um táxi. Repita comigo: NUNCA. Caso a moça não esteja motorizada, vamos às opções dignas: leve a moça, durma com a moça ou mate a moça. Mas nunca chame um táxi. Ah, e se for deixá-la no busão, faça um favor para mim: "Autoateie-se" fogo depois.
8. Não brinque com seu pinto como se ele fosse uma hélice. Sei lá por que, mas o número de rapazes com essa mania pós-festinha é bem grande.
9. Não se sinta obrigado a ser romântico, ligar no dia seguinte, demonstrar amor. Sabemos que nem todo sexo vem com amor, e isso dói, mas é gostoso. No entanto, sinta-se obrigado a ser interessante. Toda mulher pelada é digna de ver seu lado mais interessante. Provoque gargalhadas, faça elucubrações sem nexo na madrugada e entenda de música, por favor.
10. Caso seja muito necessária aquela urinada truncada do membro ainda meio barro, meio tijolo, ao menos evite o pum com eco. Em alguns casos gostamos dos rapazes finos.

4. A FAMIGERADA NOITE DE NÚPCIAS: OS MELHORES MOMENTOS DE FÁBIO E MIÁ NO TEATRO

MIÁ   Meus pais estavam tão animados! Nunca vi os dois dançarem tanto!

FÁBIO   Foi bem bacana mesmo seu pai dançando com a sua mãe... e com a minha mãe, com as minhas primas, com a minha afilhada de dezesseis anos...

MIÁ   Tá, ele bebeu um pouco.

FÁBIO   Não precisa ter vergonha, todo mundo tem uma pessoa sem noção na família.

MIÁ   Você tá chamando meu pai de sem noção, amor?

FÁBIO   Nãããão, Miá. O sogrão é demais! Eu só tô cansado.

MIÁ   Amor, pra mim é muito importante que você fale a verdade. Sempre. Meu pai é sem noção?

FÁBIO   É... Um pouco ele é, sim.

MIÁ   (*vingativa*) No caso da sua família, a sem noção é a sua mãe, né?! Ela precisava ter chorado durante o casamento inteiro? Ela achou que estava num velório?

FÁBIO Pelo menos a minha mãe coloca os sentimentos para fora. Não ficou amarga, deprimida...
MIÁ Você tá falando da minha mãe? Minha mãe foi traída por quarenta e cinco anos, Fábio!
FÁBIO Nãããoǃ Tô falando de qualquer mulher aí, amarga e deprimida, que foi traída por quarenta e cinco anos...

[Fábio abraça Miá.]

MIÁ (*magoadinha*) Eu fiquei olhando suas primas e tias... Não tem uma pessoa magra na sua família? Fora a falta de educação em repetir o jantar sete vezes! A caravana do colesterol mandou ver nos camarões...
FÁBIO Eles são felizes, são pessoas reais! Diferente da sua família, que faz pose de elegante, mas precisa de remédio para acordar, remédio para dormir e remédio para se lembrar desses dois remédios.
MIÁ Tá, a minha família é bizarra, mas a sua não fica atrás!
FÁBIO Ah, fica sim, porque a minha, além de bizarra, é pobre... Eles ficam beeem atrás!

[...]

MIÁ A gente vai ser muito feliz, não vai?
FÁBIO Nossa! Mas muito! Vamos virar ponto de referência, tipo: "Sabe onde fica tal padaria?", daí vão apontar, "Ali, ó, do lado daquele casal MUITO feliz ali!".

[Começam a se embolar, vão transar.]

MIÁ Espera, espera! Tem que ser especial! Coloca uma música!

[Fábio começa a procurar a caixa com a vitrola. Encontra a vitrola e os discos.]

FÁBIO Deixa comigo que eu vou criar um clima ultrarromance aqui pra gente.

[Ele coloca a música. Toca "Êee, ôoo, vida de gado. Povo marcado ê, povo feliz".]

MIÁ Que é isso, Fábio?
FÁBIO *O grande encontro*! Não é isso que a gente está vivendo aqui?
MIÁ Mas eles estão falando de gado.
FÁBIO Tá, peraí. Deixa eu ver aqui o que mais eu tenho.

[Coloca outra música. Agora é "Tears in Heaven", do Eric Clapton.]

FÁBIO Essa é bem bonita. Vem cá, meu amor!
MIÁ Fábio, você não sabe inglês, né? Essa música fala de uma pessoa que morreu! O cara tá sofrendo!
FÁBIO Quer tentar animar, então? As cem mais da balada? Trilha sonora do *Rambo 3*? Hip-hop? Axé?
MIÁ Esquece, vamos sem música mesmo.

[Ele tira a música. Voltam a se pegar. Ela corta de novo.]

MIÁ Mas alguma coisa especial tem que ter. Abre a janela, vamos ver como está a lua!

[Ele, já meio sem saco, abre a janela.]

MIÁ Cadê a lua?!
FÁBIO Deve estar atrás desse monte de prédio aí... Desencana, amor, vamos fazer uma rapidinha só pra ficar tranquilão e dormir, que amanhã a gente acorda cedo pra pegar o avião.
MIÁ Eu pedi pra você comprar passagem para as duas da tarde, para a gente ter tempo de descansar!
FÁBIO Mas de manhã era quarenta reais mais barato! No caso, nós dois: oitenta pilas de economia!
MIÁ (*cínica*) Uau! Que economia!
FÁBIO Cola na minha que você se dá bem!

[Ele agarra ela, vão transar...]

MIÁ Desencana, amor. Essa mistura de gado, vista para prédios e desconto em passagem me deixou meio sem vontade.
FÁBIO (*triste*) Miá, deixa eu me apresentar pra você. Meu nome é Fábio. Eu adoro as palavras "brinde", "promoção", "desconto", "bônus", "pacote" e "tarifa zero". Eu não sei falar coisas bonitas, tipo "Ah, a era de aquário e o planeta regente de escorpião" olhando para o céu. Eu gosto da música de que todo mundo gosta, a que toca na rádio. Eu tenho uma frieira desgraçada no

	dedinho do pé esquerdo, meu couro cabeludo descasca quando fico nervoso, e a isso podemos chamar de caspa, e eu acordo com bafo de bexiga de festa de pobre. Mas eu te amo.

MIÁ (*apaixonada*) Nossa, amor! Nunca ninguém me disse coisas tão bonitas! Você é maravilhoso! Você é...

[Fábio agarra Miá. Ela interrompe.]

MIÁ Agora eu tenho certeza de que casei por amor e não pelo motivo que meus pais, meus amigos e todo mundo do meu trabalho falou.

FÁBIO (*preocupado*) Que motivo?

MIÁ Desespero! (*com voz de desesperada*) Só porque tenho mais de trinta anos e TODAS as minhas amigas já estão casadas e com filhos, as pessoas acham que eu ia acabar casando com o primeiro idiota que aparecesse, sem nem conhecer direito.

[Miá agarra Fábio. Ele interrompe.]

FÁBIO Ah, sei lá, fiquei meio mexido com essa conversa toda. Partiu soneca?

[...]

MIÁ (*abrindo presentes*) Jarro, travessa, jarro, travessa... Sua família realmente não tem muita criatividade.

FÁBIO (*também abre presentes*) Manteigueira, queijeira, leiteira... Já a sua família adora a temática "vaca".

MIÁ Tá meio sem emoção isso...
FÁBIO Já reparou que você quer que tudo tenha emoção o tempo todo? Fica puxado, amor. Às vezes a vida é só chatinha mesmo, e a pessoa adulta e madura tem que aceitar... Você enche a cara e enfrenta com coragem!

[Fábio abre um presente e vê descansos de talher.]

FÁBIO O que é isso aqui que o dr. Péricles deu? Coisa esquisita...
MIÁ Ai, que chique, descanso de talher de prata! Ele é tão fino, o dr. Péricles!
FÁBIO Descanso de talher? A faca tava cansadona, é isso? O garfo trabalhou muito e precisou fazer a siesta? Quem usa isso, Miá?
MIÁ Para, Fábio!! Depois preciso me lembrar de agradecer ao dr. Péricles, mandar um cartão... Se bem que mês que vem tenho consulta marcada com ele, melhor agradecer pessoalmente.
FÁBIO Como assim, consulta marcada?
MIÁ Ele é meu ginecologista, Fábio.
FÁBIO Oi?! Achei que ele era um desses advogados chatos amigos do seu pai, "dr. Péricles"! Não o cara que... para que você chamou seu ginecologista para a festa?
MIÁ Porque ele é amigo da família, ué... Ele trata todo mundo da família.
FÁBIO Então o cara vê a xota da sua irmã, da sua mãe e a sua... e ainda bebe um uísque brindando com o seu pai? E você ainda vai, mês

	que vem, agradecer ele pessoalmente? Como vai ser esse agradecimento? Seu colo do útero vai sorrir pra ele?
MIÁ	É sério que o homem doce e carinhoso que eu escolhi para dividir a vida comigo vai se mostrar extremamente grosseiro, machista e ignorante?
FÁBIO	Desculpa, amor. Eu só tô cansado. Se o garfo pode ficar, por que eu não posso, né?
MIÁ	Vou te dar um desconto desta vez, mas eu te avisei que não gosto de homem que fica me podando! Eu sou uma mulher moderna!
FÁBIO	(*resmunga*) "Eu sou uma mulher moderna", disse a moçoila que acabou de se casar de branco na igreja.
MIÁ	Eu tô com medo.
FÁBIO	Do avião? Eu também. Mas estou levando uma quantidade absurda de Rivotril. Não acordo nem se eu morrer.
MIÁ	Não, Fábio. Medo disso tudo aqui. De ter casado. De dividir armário, gaveta, banheiro, cama, contas, comida... Eu sempre fui tão egoísta. Medo de você enjoar de mim agora que vai acordar todos os dias olhando para a minha cara sem maquiagem, com remela, bafo, olheira... Medo do amor virar tédio e mágoa, como aconteceu com os meus pais. Medo de você não me acalmar igual meu pai me acalmava quando eu tinha pesadelo. Medo de acabar. Medo de não ser o que eu estou pensando. Medo do tanto que eu penso. Muito medo.
FÁBIO	Eu sei que essa é a parte que eu te abraço e digo que vai ficar tudo bem, mas...

MIÁ Então me abraça e diz que vai ficar tudo bem. Não diz que também tá com medo. Mente, por favor. (*Ele abraça ela*)
FÁBIO Eu tô com um medo da porra!

[...]

FÁBIO Um apelido?
MIÁ Mily, Mi e Mimi.
FÁBIO Fabanha, Teta e Cabaço. Um hobbie?
MIÁ Aquarela!
FÁBIO Xvideos!
MIÁ O que é isso?
FÁBIO Deixa pra lá! Uma mulher?
MIÁ Simone de Beauvoir.
FÁBIO Mamãe, sempre! Um sonho?
MIÁ Ver o show do Woody Allen em Nova York.
FÁBIO Dormir todo dia até meio-dia.
MIÁ Deixa eu perguntar também! Um esporte?
FÁBIO Fazer apneia embaixo das cobertas quando eu peido.
MIÁ Eu ia falar vôlei, mas depois dessa vou começar a treinar corrida. Quem você seria se não fosse você?
FÁBIO Bob, o cachorro da minha mãe. Dorme, come, caga e ganha carinho o dia inteiro. Puta vidão!
MIÁ Tô desanimando!
FÁBIO Não desanima, agora que tá ganhando ritmo!
MIÁ Escritor: Philip Roth ou Borges?
FÁBIO Quem? Mas eu vou te falar de uma história emocionante, que é a minha preferida. Se liga. É sobre a luta de classes e a união de dois irmãos. Eles são árduos trabalha-

	dores braçais e sonham em se casar com uma mulher nobre e muito bela!

MIÁ Parece bom! É algum escritor russo existencialista?

FÁBIO É Mário Bros! Videogame na veia! Um filme?

MIÁ *Encontros e desencontros*!

FÁBIO *Braddock* e *Todo mundo em pânico 4*.

MIÁ Chega! Melhor a gente ir se conhecendo aos poucos, mesmo, ao longo dos anos. Assim, quando a gente descobrir que não tem nada a ver um com o outro e que se odeia, já vamos ter filhos e dívidas e vai valer mais a pena ficar junto.

[...]

MIÁ Foi uma época que eu tava namorando o... deixa pra lá.

FÁBIO Como assim, não pode falar? A gente casou. Se você der um arroto interno, esse arroto interno é metade seu, metade meu. Você vai me falar. Por lei você vai me falar.

MIÁ Eu não posso falar porque ele é famoso.

FÁBIO (*muito curioso*) FAMOSO? Fala agora, Miá.

MIÁ Eu não posso, ele é casado.

FÁBIO CASADO? E FAMOSO? PELO AMOR DE DEUS, FALA AGORA.

MIÁ É mentira, idiota. Esse é um teste pra saber se o seu marido é gay. Você fala que namorou um famoso e, se ele ficar mais curioso do que com ciúmes, é gay.

FÁBIO (*desconversa*) Eu também já transei com uma mulher famosa. A Aninha. Ela era a menina mais famosa da minha escola. Ganhou segun-

	do lugar de melhor bunda por dois anos consecutivos e pegou o primeirão de melhor peito no ano que eu comi ela.
MIÁ	Famosa de bairro é sem graça. (*morrendo de ciúmes*) Como era a bunda dela?
FÁBIO	Aquele estilo redondinho com muuuita carne em cima, mas que embaixo não faz um vão entre a bunda e a perna, mas se deleita como uma continuidade avassaladora de preenchimento esculpido.
MIÁ	Ah, entendi. Você liga mais pra essa coisa de corpo. Já eu, engraçado, curto mais a coisa da inteligência, da intelectualidade. O Antônio, por exemplo, que eu namorei três anos, fez MBA em arquitetura em Massachusetts, doutorado em cinema na Colúmbia e é mestre também em história da arte.
FÁBIO	Nossa, que cara chato! Já eu prefiro mesmo uma mulher mais burrinha. Você não sabe a magnitude de uma mulher burra! A Tricia, minha ex, era uma anta. Pense numa mulher burra; a Tricia devia estar embaixo dessa mulher, fazendo freela de jegue. Mas era maravilhoso. Ela ria de tudo o que eu falava, não fazia pergunta difícil e estava sempre feliz.
MIÁ	Você não se sentia mal de saber que ela só estava te achando um gênio porque ela era uma imbecil?
FÁBIO	Não, de jeito nenhum, pelo contrário. Eu me sentia ótimo, sabia? Muito bem mesmo. Namorar a Tricia era como estar num spa.
MIÁ	Agora fiquei sem entender nada! Eu pensei que você estava comigo porque eu sou in-

teligente, contestadora, com opiniões fortes.
FÁBIO Não, Miá, essa é a parte que eu tolero porque você é gostosa.

[...]

FÁBIO Então vamos fazer um brinde ao nosso amor… Eu só preciso achar aqui os copos e as bebidas. (*lê as caixas*) Vestidos Miá, sapatos Miá, mais sapatos Miá, outra caixa de sapatos Miá… Amor, legal, de repente a gente aceita aquele apê que seu pai queria dar pra gente só para morarem os seus sapatos… (*continua lendo*) Brinquedinhos Miá! Ah, que fofo, você trouxe seus brinquedos de quando era criança!
MIÁ (*grito de susto*) Não abre isso! Não! Eu não acredito que isso veio junto com a mudança! Eles se confundiram, era para ter jogado essa caixa fora!
FÁBIO Ah, Miá. Que fofa! Não precisa ter vergonha de me mostrar seu lado criança! Eu também tenho um, com o tempo você vai ver. Vamos abrir a caixa!
MIÁ Deixa isso pra lá! São só umas besteiras, umas Barbies, eu vou doar tudo para um orfanato que tem aqui perto, aquele das freirinhas, sabe? Não abre, não…
FÁBIO Ah, amor, você é tão pura, você tem o coração tão bom…

[Fábio abre: são vários brinquedos sexuais, consolos, chicotes, fantasias…]

FÁBIO (*segurando um vibrador enorme*) Opa, essa Barbie aqui não tá legal, não... Tá meio cabeçuda... E as freirinhas quando receberem essa doação, hein! Estão lá há quinze anos rezando e só agora vão ver Deus. O que vai ter de orfanato esperando essa doação no ano que vem...

MIÁ Era coisa de um ex meu, o Paulão. Mas não fica com ciúmes, tá? O Paulão era viciado em sexo, mas era supermau-caráter!

FÁBIO Ah, que legal... Ele você escolheu por causa do pau, já eu, pelo caráter. Superlegal isso para um homem! Inclusive, quando a gente é moleque, a gente fica mesmo medindo o tamanho da *índole* pra competir com os amiguinhos. Chega, Miá. Chega de falar do passado. Não aguento mais.

MIÁ Tá certo. A gente casou hoje, a gente tem que falar do nosso futuro. Planejar os filhos, planejar o próximo apartamento, planejar qual vai ser seu próximo emprego.

FÁBIO Nossa! E eu achando que estava chato falar do passado!

MIÁ Se eu ficar com azia e gases, grávida, você ainda vai me amar?

FÁBIO Depende. Se essa coisa de próximo apartamento demorar uns trinta anos, você ainda vai me amar? Porque faltam trinta anos para eu pagar este aqui.

MIÁ Você promete que não vai deixar a relação desandar daqui a dez anos e começar a fazer o número 2 de porta aberta?

FÁBIO DEZ ANOS?! Você quer que eu espere DEZ ANOS pra cagar de porta aberta? Eu estava pensando em fazer isso agora, enquanto a gente conversa.

MIÁ Não, amor, a gente tem que manter o mistério.

FÁBIO Como é que eu vou ser misterioso nesta quitinete, Miá? Se a gente brigar, não tem pra onde ir… nem porta pra gente bater! Acho melhor a gente abraçar a intimidade mesmo.

[…]

MIÁ Fábio, você é reaça.

FÁBIO Eu não sou reaça, mas também não sou que nem aqueles seus amigos meio gays, meio travestis, meio sou-tão-moderno-que-não--consigo-definir-minha-sexualidade. Eu sou um homem tradicional.

MIÁ Fábio, para ser um homem tradicional você teria que ter umas dez caixas de roupas a menos.

FÁBIO Isso é diferente, isso é trauma. Na cadeia a gente tem que ficar com aquela mesma roupa todo dia, então eu prometi que no dia em que eu ficasse livre eu ia ter uma roupa pra cada dia do ano.

MIÁ Cadeia!? Você já foi preso?!

FÁBIO Eu invadi a casa do vizinho para usar a piscina um dia, quando eu estava com uns amigos em casa… A gente tinha fumado maconha, bebido muito… Ele ficou puto que nego mijou muito dentro da piscina dele, comeu tudo o que tinha na cozinha… e mandou prender a gente! Coisa de moleque, sabe como é.

MIÁ Mas você ficou um dia preso, então, foi só pra dar um susto...

FÁBIO Na verdade eu fiquei uns dois meses preso. É que, depois da piscina, a gente roubou o carro dele pra dar um rolé e bateu feio na mureta de uma escola, quase matamos o pipoqueiro. Coisa de moleque, nada demais...

MIÁ Eu não acredito que eu casei com um bandido! E eu que achava que ter sido internada numa clínica psiquiátrica fosse um grande problema.

FÁBIO Como é que é? Você já foi internada numa clínica?

MIÁ Nada demais. Foi uma briga com um namorado, eu fiquei meio chateada, só isso.

FÁBIO Peraí. Ninguém é internado porque brigou com o namorado e ficou tristinha.

MIÁ Tá, a briga foi meio séria e eu liguei pra casa dele algumas vezes fazendo umas ameaças.

FÁBIO Isso é normal, coisa de mulher. Todo mundo fala umas besteiras quando toma um pé na bunda.

MIÁ É, o problema é que eu acabei agredindo o Bruno fisicamente, aí ele me denunciou para a polícia.

FÁBIO Esse cara era um viadinho, né? Tomou um tapinha de uma mulher e chamou a polícia?

MIÁ Não foi exatamente um tapinha. Eu tentei matar ele com uma tesoura, tipo esta aqui. (*mostra a tesoura com a qual estavam abrindo as caixas*)

FÁBIO (*assustado*) Entendi... Por via das dúvidas, me passa essa tesoura aqui. Isso... calminha... (*ela devolve*) Aí você foi internada?

MIÁ Sim... Mas melhorei muito com um remédio que o psiquiatra me receitou. Só que, como me engordava, eu parei de tomar.

FÁBIO Tá... E isso foi há muuuuito tempo, né?

MIÁ Ah, sim, já tem mais de seis meses.

FÁBIO (*em pânico*) Fodeu!

MIÁ O médico sempre fala que era bom eu voltar a tomar porque posso ter uma recaída a qualquer momento... Mas tô tão feliz do seu lado!

FÁBIO Mas vamos supor, assim, que você fique triste um dia... Qual o nome do remédio, pra eu poder andar com ele pendurado no pescoço junto com meu crucifixo?

MIÁ (*grita, bem louca*) Esse remédio me engorda!! E me deixa sem libido!! Nunca mais vou tomar! Eu prefiro morrer! Ou matar!

FÁBIO Eu prefiro você obesa e traquila a você magra e maluca correndo atrás de mim com uma tesoura. Até porque a pessoa obesa perde velocidade, então fica mesmo menos perigosa.

MIÁ Tá bom, Fábio. Então eu vou colocar um alarme no carro, por via das dúvidas.

FÁBIO Miá, tentar matar alguém é dez mil vezes pior que ter roubado um carro!

MIÁ Claro que não! Você optou por ser um ladrão, eu não escolhi ser maluca.

FÁBIO Justamente por isso. Maluquice está na sua genética, isso vai passar pro Fábio Junior!

MIÁ O que o Fábio Junior tem a ver com isso?
FÁBIO Como *o que* ele tem a ver com isso? É o nosso filho!
MIÁ (*derretida*) Amor, você já está pensando no nome do nosso bebê! Que lindo! Obviamente ele não vai ter esse nome, mas achei fofo!
FÁBIO Tá... Então Gabriel, que é o nome do meu avô.
MIÁ Ah, lindo, um nome bíblico, forte... Era o nome do cara que tirou minha virgindade!
FÁBIO Tá, esquece, vamos colocar Oswaldo, então! Nome do meu bisavô. Daí não tem erro de você já ter namorado alguém com esse nome.
MIÁ Waldinho... Namorado, não foi mesmo. Era mais um pau amigo.
FÁBIO Meu Deus, tem algum nome no mundo que não te traga lembranças sexuais? Padre Francisco? João Paulo II?
MIÁ Chiquinho, Paulão... férias em Búzios!
FÁBIO Tá, então escolhe você um nome, enquanto eu vou procurar o faqueiro pra me suicidar.
MIÁ Eu gosto de nome de filho de artista. Tipo Mano Wladimir.
FÁBIO Caraca, eu não sabia que o manobrista do bar aqui da esquina era filho de artista.
MIÁ Você não entende nada, Fábio.
FÁBIO Eu entendo de bullying na infância, Miá. E não quero que meu filho passe pelo mesmo que eu passei.
MIÁ Ah, conta, vai... Você tinha apelidinho fofo?
FÁBIO Eu tinha teta, Miá. Tá bom pra você?

[...]

MIÁ (*abre uma caixa e lê*) Quadros, Fábio! Bom, pelo menos você gosta de arte! (*um dos quadros é o garoto Juca abraçado com o Bozo*)

FÁBIO Pronto, você descobriu!

MIÁ Tudo bem... Não é tão grave! Você era fã do Bozo e do garoto Juca!

FÁBIO Miá, EU ERA O GAROTO JUCA! Esse foi o meu primeiro emprego, meu pai me obrigou para ajudar nas contas de casa.

MIÁ É verdade que ele batia nas crianças? Que ele cheirava pó? Que ele entrava bêbado no programa? Que ele abusava das crianças?

FÁBIO Miá, vamos nos concentrar nos seus podres agora? Olha aqui o que eu achei! A sua caixa de fotografias! (*abre a caixa*)

FÁBIO Ué... Não sabia que você tinha uma irmã baranga! Ela é igual a você, só que feia!

MIÁ Essa sou eu antes da plástica, anta!

FÁBIO Que plástica?

MIÁ Plásticas! Nariz, orelhas, seios, lipo, lifting... e operei pra tirar os óculos também!

FÁBIO Isso quer dizer que nosso filho vai nascer um monstro?! Isso não é plástica, é falsidade ideológica!

[...]

MIÁ Ah, que fofo! Você só perdeu a virgindade aos vinte anos?

FÁBIO Falou a mulher experiente, liberada, moderna, adepta do amor livre!

MIÁ Eu não tô tirando onda, pelo contrário. Eu meio que me arrependo de ter transado pela primeira vez com catorze anos.

FÁBIO CA-TOR-ZE A-NOS? Você transou com o Bob, marido da sua Barbie, né? Bom, eu comecei aos vinte, mas em compensação nesses dez anos comi mais de quinze mulheres (*se achando*). Desculpa se esse número choca você!

[Miá fica muda, constrangida.]

FÁBIO Que foi?

MIÁ (*disfarça*) Nada! Tô chocada com esse meu marido garanhão! Nossa, será que eu dou conta desse homem insaciável! Safadão! Ah, que marido transeirooooo!

FÁBIO Miá, essa é a parte em que você me conta que transou com pouquíssimos homens na vida e eu obviamente fui o melhor.

MIÁ Essa coisa de quantidade é tão desimportante...

FÁBIO Fudeu, ela já perdeu a conta.

MIÁ Eu sei exatamente quantos foram! Tá pensando que eu sou o quê?!

FÁBIO Mais de cinco ou menos?

MIÁ Tá entre cinco e trinta e nove.

FÁBIO (*grita*) O quê??!!

MIÁ Cê tá exagerando, Fábio. Pensa comigo. Eu transei com uma média de dois caras e meio por ano, é muito pouco, vai.

FÁBIO Dois caras e um ano por ano. Você tá vendo pouca coisa, mas eu tô vendo um filme pornô da Branca de Neve. Me deixa quieto, Miá.

MIÁ Chega de ficar falando os podres um para o outro! Isso está estragando nossa noite de núpcias!

FÁBIO O que está estragando nossa noite de núpcias é você ficar o tempo todo lembrando que é a nossa noite de núpcias. É o peso que você tá colocando nisso tudo. Que eu tenho que ser mais isso, mais aquilo, mais maduro... Tá, a gente se casou, e daí? Só porque a gente se casou, precisa viver como duas pessoas casadas?

MIÁ Eu queria tanto que tivesse sido uma noite mais romântica. Você estragou tudo falando em cocô, gado, desconto, videogame, anão, mãe...

FÁBIO E eu queria tanto estar dormindo capotado, babando no travesseiro, sem ninguém encher meu saco.

MIÁ Fábio, eu não sei se eu estou preparada para tanta realidade. Se casamento é isso... é você sendo grosso, preguiçoso, infantil... acho que eu preferia...

FÁBIO Fala! Preferia não ter casado, né?! Eu também! Se eu não posso ser eu mesmo, se o tempo todo você vem com cobranças e reclamações e trinta e nove parceiros sexuais, eu preferia...

MIÁ Fala!

FÁBIO Eu preferia estar lá... com a minha mãe! Trinta e nove, Miá! Eu fui o número trinta e nove! Como você quer que eu lide com isso?

MIÁ Você foi o quarenta.

FÁBIO E ELA AINDA TINHA ESQUECIDO DE ME CONTAR!

[...]

FÁBIO Você TRANSOU com o meu melhor amigo? Eu CASEI com uma mulher que TRANSOU com o meu melhor amigo?
MIÁ Calma, Fábio!!! Eu nem te conhecia!
FÁBIO Como calma? Você ia gostar de saber que eu transei com a sua tia Jandira?
MIÁ Ela tem oitenta anos, Fábio.
FÁBIO NÃO MUDA DE ASSUNTO!!!
MIÁ Pra que a gente fez isso tudo, me diz? Festa, casamento, comprar mesinha de cabeceira igual... Por que as pessoas escolhem ficar juntas se um dia acaba de qualquer jeito? Mais cedo ou mais tarde, eu vou ficar chata e você vai ficar gordo.
FÁBIO Mais cedo ou mais tarde? Você já está chata pra cacete, e eu comeria fácil uma lasanha inteira agora com o desespero que está me batendo de ficar aqui com você.

5. RAPIDINHAS:
PORQUE COM O TEMPO
VOCÊ DESTILA ÓDIO ATÉ
NOS DIÁLOGOS MAIS CURTOS

— Que foi?
— Nada.
— Que foi? Que foi? Que foi? Que foi? Que foi? Que foi? Que foi?
— Tá louco?
— É que você só responde o "que foi" na oitava vez e tô querendo otimizar o tempo.

*

— Eu não quero saber nada do seu passado.
— Que inveja! Eu também adoraria não saber muitas coisas dele.

*

— Eu não quero você nunca mais falando com nenhum dos seus ex-namorados, combinado?!!

— O.k., então você paga sozinho o financiamento deste apartamento, porque meu chefe é meu ex-namorado e ele vai me demitir. E provavelmente os valores vão aumentar, porque o meu gerente é meu ex-namorado e ele tinha conseguido uns juros superbaixos. E você vai pagar meu novo tratamento dentário, porque meu dentista é meu ex-namorado e ele fazia tudo de graça. Talvez eu fique louca e quebre esta casa inteira, porque o farmacêutico que me consegue Os tarja preta sem receita é meu ex-namorado. Periga também a gente sofrer algum assalto, o policial que faz a rota no bairro é meu ex-namorado. Ah, e eu vou ter que devolver nosso carro, ele foi presente do meu ex-namorado.

— Tive uma ideia melhor: tô pensando em dar uma festa aqui amanhã e a gente convida todos os seus ex-namorados.

*

— Você olhou primeiro a minha bunda, os meus peitos ou os meus olhos?... Mas tem que falar A VERDADE.

— Eu olhei primeiro as suas amigas. A loira bunduda me virou o rosto, a magrela peituda estava com cara de que tinha comido limão com raspas de limão e a de olhos azuis infelizmente media o peso em arroba. Daí sobrou você.

*

— Às vezes eu acho que a gente não tem nada a ver um com o outro.
— E nas outras vezes?
— Eu tenho certeza.

*

— Você está inseguro porque não entende como uma mulher maravilhosa como eu está namorando você, certo?
— Não, eu estou inseguro porque passei de fase no Angry Birds e mesmo arremessando muitas aves eu não consigo destruir os castelos dos porcos verdes.

*

— Aonde você vai?
— Jogar tênis.
— Nossa, que chique esse meu marido!
— Baixei no iPad.

*

— Você vai com essa roupa?
— Não, amor, essa roupa é que vai comigo.

*

— Nossa, amor, você está arrasando com essa roupa! Maravilhosa!
— Isso quer dizer que nos outros dias eu tô malvestida?
— Não, isso quer dizer que nos outros dias eu tô heterossexual.

*

— Eu queria que você falasse mais comigo.
— Comigo, comigo, comigo, comigo.

*

— Amor, consegui espremer bem espremidinho as minhas coisas e liberei mais uma gaveta pra você.
— Oba! Agora, de 38 eu já tenho duas! Nada como uma divisão justa!

*

— Você acha que nós vamos envelhecer juntinhos?
— Não, amor, eu acho que você vai envelhecer juntinho. E vou ficar um coroa sexy juntinho.

*

— Eu tenho bruxismo. O que significa que, se você acordar de madrugada, vai ver minha boca fazendo barulhos muito estranhos.

— Tudo bem. Eu tenho doze pacotes de salgadinho da galera sabor artificial de amendoim escondidos no armário. O que significa que, se você acordar de madrugada, vai ver meus intestinos fazendo barulhos ainda mais estranhos.

*

— O que você tem a me dizer a respeito da unha do seu dedão?

— Uma vez fui fazer um carinho maroto numa menina, embaixo da mesa do restaurante, e a unha do meu dedão fez a coitada levar cinco pontos na batata da perna.

*

— Amor, se eu engordar trinta quilos, você vai continuar me amando?

— Claro. Só lembrando que nem sempre amor e sexo precisam andar juntos.

*

— Meus pais vêm jantar aqui com a gente hoje.
— Ótimo, fala que eu mandei um beijão.

*

— Quando eu digo que a sua roupa está transparente, não é ciúmes, posse ou machismo. É apenas porque a transparência não está na moda.
— Entendi, não casei com um homem ciumento, possessivo e machista. Casei com um gay.

*

— Eu acho o casamento uma grande mentira!
— Ótimo! Isso quer dizer que você vai me deixar sair com meus amigos toda semana, transar com outras mulheres, tirar férias sozinho e ter um quarto só pra mim?
— Não, isso quer dizer que aquela parte "na riqueza e na pobreza" é uma grande bobagem.

*

— Quando você vê um bebezinho assim não te dá uma supervontade de ter um?
— Não, me dá uma supervontade de SER um.

*

— Miá, considerando que você não sabe cozinhar, não sabe passar roupa, não sabe preparar um drinque para o seu amado marido, não sabe limpar a casa, não sabe arrumar a cama, não sabe lavar a louça, não sabe ficar em silêncio e não sabe massagear meu pé depois de um dia de trabalho, posso também não saber consertar o ar-condicionado?
— Não.
— Tudo bem, desculpa.

*

— Eu votei no Lula.
— Tudo bem: eu votei no BBB 9 pra eliminar a Naiá.

*

— Eu já transei com dois caras na mesma semana.
— Tudo bem: eu já transei com duas mulheres em um ano.

*

— Eu tenho medo de essa relação acabar rápido.
— Eu tenho pavor de ela durar muito.

*

— Eu sempre acordo mal-humorada.
— Eu nunca acordo, você vai ter que insistir muito.

*

— A gente não deveria se conhecer superbem antes de casar?
— Não, isso é o que a gente faz quando vai separar.

*

— Só nunca me venha com aquele papo ridículo de que você está assim por causa da TPM.
— Tudo bem, desde que jamais você diga essa frase idiota quando eu estiver de TPM.

*

— Não é que eu estou olhando para a gostosa da mesa ao lado comendo churros, é que eu tenho esse problema, às vezes me perco olhando qualquer coisa.

— Atrás de mim tem qualquer coisa homem careca comendo carne, na mesa à sua esquerda tem qualquer coisa velhinhos comendo risoto e passando nesse segundo tem qualquer coisa menino obeso chorando porque a mãe não quer que ele coma mais. Perca-se neles!

*

— Você acha que a rotina pode estragar tudo?
— Depende se a rotina atender pelo nome de tênis no meio da sala ou Viviane, a estagiária.

*

— Quando eu te vi pela primeira vez o mundo inteiro parou.
— Que lindo.
— Mas eu só fui me apaixonar por você uns dez dias depois de sair do coma alcoólico.

*

— Eu sinto saudade do começo da nossa relação.
— Mas a gente só se conhece há alguns meses!
— A gente, sim, mas a minha ansiedade já está lá nos dez anos de casamento.

*

— Você acha que daqui a vinte anos a gente ainda vai fazer sexo?
— Eu tenho absoluta certeza.
— Que fofo, amor.
— Eu só não sei se vai ser um com o outro.

*

— Eu já planejei tudo. Em dois meses a gente casa. Em seis meses eu engravido. Em um ano a gente muda para uma casa maior. Em três anos a gente tem o segundo filho.
— Bota aí na sua agenda uma janela de oito anos para eu poder pirar e sumir.

*

— Peidar não pode.
— Nunca?
— Só se for sem querer.

— Então estou liberado para peidar quanto eu quiser, na altura que eu quiser, com o cheiro que for, desde que eu não queira?

*

— Meus avós ficaram casados cinquenta anos. Meus pais ficaram casados vinte e cinco anos. Isso significa que a gente vai ficar só catorze anos e meio juntos?
— Não, isso significa que eu casei com uma anta.

*

— Você prefere que eu te chame de Mozinho, Mozi, Mozão ou Mozinhozão?
— Não precisa me chamar, me olha feio que eu venho.

*

— Você acha que sou uma louca borderline?
— Não, no máximo você é um border collie: fica deprimida quando não tem comida, passeio e carinho.

*

— Eu quero casar com você, ter filhos, envelhecer ao seu lado.
— Quer começar jantando hoje?
— Calma, não me pressione!

6. *CRISELEAKS*:
ALFINETADAS NAS REDES SOCIAIS

@fabanha79 Ah, o amor. Essa coisa linda que começa no "eu te amo" e acaba no "eu te mato".

@mia_ma Se fosse fácil chamava engordar e não casamento.

@fabanha79 Felizes para sempre até que a morte os separe. Ou um pum, um arroto, um xixi de porta aberta, um bafo matinal, um desodorante vencido, uma alface no dente...

@mia_ma Como se chama um homem inteligente, bonito, sensível e disponível? Lenda.

@fabanha79 Meu cupido deve ter mal de Parkinson.

@mia_ma Alguns homens são tarados por pé. Na bunda.

@fabanha79 E que seja eterno até que uma fuçadinha no Facebook nos separe.

@mia_ma Se alguns homens não valem nada, por que a gente paga pra ver?

@mia_ma Que bonitinho! Ele tá brincando de Farmville! Em uma única madrugada adicionou cinco vacas no Facebook.

@fabanha79 Eu até fujo de encrencas. O problema é que é em círculos.

@mia_ma Se um dia seu ex-namorado te disser que você nunca vai encontrar alguém como ele... Responda: Deus te ouça!

@fabanha79 Até topo o jogo do amor... mas não como reserva!

@mia_ma Depois do mico-leão-dourado, a maior espécie em extinção: o marido dos sonhos!

@mia_ma Pelo menos meu passado só me condena. E o seu que te prende?

@fabanha79 Por mais letras de rock indie que você saiba, não se acabar de cantar quando toca "Evidências" é falta de caráter.

@mia_ma Se antes eu tinha mais colágeno, agora eu tenho mais condição de comprar meu colágeno. Envelhecer é lindo.

@fabanha79 Sempre que eu faço alguma coisa errada, penso: "Se eu estivesse no meu lugar, faria o mesmo!".

@mia_ma Quem escolhe mulher pela bunda merece ter um relacionamento de merda.

@mia_ma "Tipo assim, meu, tipo assim, cara, meu, tipo assim, sabe?" Sei, você é uma anta.

@fabanha79 O melhor lugar para paquerar em São Paulo é o Rio de Janeiro.

@mia_ma Tô assistindo a *Como perder um homem em 10 dias* para ver se eu aprendo como faz. Eu perco em 5.

@mia_ma Homem é como loja de roupa. Só dá para saber se é elegante de verdade no pós-venda.

@mia_ma Anos pagando caro minha analista para ouvir "A memória está dando pau porque a lixeira está muito cheia". Mais fácil chamar o menino do suporte.

@mia_ma O amor é estar deitada num parque em Paris numa tarde de primavera, enquanto se dirige em plena Marginal parada numa segunda nublada.

@mia_ma Toda vez que eu durmo sensual acordo gripada. Quem nasceu para moletom nunca vai ser baby-doll.

@fabanha79 Mulher que insiste depois do cara dizer não mil vezes não tem problema de autoestima, tem toc: "Será que a porta tá trancada mesmo?".

@fabanha79 Gosto de homem bem-dotado. De neurônios.

@fabanha79 Minha memória só é boa para as coisas que nunca aconteceram.

@mia_ma A última vez que eu amei tanto foi no século 19.

@mia_ma Hoje eu estou mais atacada que sinusite.

@mia_ma Nada como um outro após o dia.

@fabanha79 Não deixe para amanhã a pessoa que você pode deixar hoje.

@mia_ma Tentaram poesia, anel de brilhantes e viagens a Paris. Mas foi com Caio, um jovem da Caixa Econômica Federal, que eu liberei meu fundo.

Agradecimentos

Para começar, tenho que falar do gênio Fábio Porchat, o artista multitudo (agora até gato ele é!) que pega minhas loucuras mais obscuras e transforma em um origami de brilhantes. Fábio e Miá Mello têm o talento agudo e escandaloso dos grandes atores dramáticos de teatro sem jamais perderem o cinismo contido e inteligente dos grandes atores de comédia da tv e do cinema. Sim, eles misturam duas coisas que, para os simplórios, deveriam ser opostas.

Julia Rezende, jovem e linda e incrível diretora dos filmes *Meu passado me condena*, e Mariza Leão, a produtora mais leonina e maternal do mercado de cinema: vocês são os maiores amores da minha vida pessoa jurídica (e física também).

Obrigada ainda ao Multishow, principalmente na pessoa do doce e sempre paciente (pelo menos comigo!) Christian Machado, e aos não menos amados e talentosos atores Marcelo Valle e Inez Viana (também diretora da peça!).

E, por último, apenas porque deixei o melhor para o final: obrigada aos meus parceiros de trabalho Leandro Muniz e Patrícia Corso. Os melhores e mais bonitos e mais magros roteiristas do Brasil. Por a gente ter construído essa marca linda que encheu os outros de dinheiro e a gente de orgulho e tendinite! Obrigada!

TIPOGRAFIA Adriane por Marconi Lima
DIAGRAMAÇÃO Osmane Garcia Filho
PAPEL Pólen Bold
IMPRESSÃO Gráfica Bartira, junho de 2015

A marca FSC© é a garantia de que a madeira utilizada na fabricação do papel deste livro provém de florestas que foram gerenciadas de maneira ambientalmente correta, socialmente justa e economicamente viável, além de outras fontes de origem controlada.